Reclams Städteführer Karlsruhe

Reclams Städteführer · Architektur und Kunst

Karlsruhe

Von Cord Beintmann

Reclam

RECLAMS UNIVERSAL-BIBLIOTHEK Nr. 14569
2024 Philipp Reclam jun. Verlag GmbH,
Siemensstraße 32, 71254 Ditzingen
Umschlagabbildung: Karlsruher Pyramide – Imago / Pond5 Images
Druck und Bindung: Esser printSolutions GmbH,
Untere Sonnenstraße 5, 84030 Ergolding
Printed in Germany 2024

ISBN 978-3-15-014569-2
www.reclam.de

Inhalt

Anhang

Karlsruhe – Stadt der Wissenschaft und Kunst

Etiketten für diese Stadt gibt es genug: Beamtenstadt (galt nur im 19. Jh.), Residenz des Rechts (seit 1950), Ort der Vielfalt (ein 2009 verliehener Titel), Stadt der Medienkunst (UNESCO-Titel 2019), Fächerstadt. Letztere Bezeichnung markiert den Anfang Karlsruhes, einen Punkt, von dem strahlenartig Straßen ausgehen, um die herum sich eine Stadt bildete. Dieser Strahlenkranz, heute noch absolut präsent im innersten Kern der 300 000-Einwohner-Stadt, war keine bewusst arrangierte Konkretisierung absolutistischer Machtausübung, sondern geht auf das Vorhaben des Markgrafen Karl Wilhelm von Baden-Durlach zurück, im Hardtwald einen Jagdsitz als Zentrum eines Jagdsterns errichten zu lassen, dessen radiales Wegesystem die Jagd erleichtern sollte. Neun der 32 Wege in Richtung Süden verliehen dem absolutistischen Herrschaftsanspruch Ausdruck. Sie wurden später zur Bebauung bestimmt. Am 17. Juni 1715 erfolgte die Grundsteinlegung für den Schlossturm – den historischen Ausgangspunkt der Stadt Karlsruhe.

Doch warum gründete Karl Wilhelm diese Stadt? Durlach, bereits ab 1565 Residenz und heute ein Stadtteil Karlsruhes, brannte im Pfälzischen Erbfolgekrieg nieder und war trotz Wiederaufbaus für den badischen Fürsten wegen Differenzen mit der Bürgerschaft und fehlender Ausdehnungsmöglichkeiten nicht mehr attraktiv. Daher ließ er 1715–18 das (Karlsruher) Schloss errichten und 1717 die Residenz von Durlach dorthin verlegen. Ein Privilegienbrief versprach Neubürgern unentgeltlich einen Bauplatz, Bauholz und Sand, ferner Steuererleichterungen und Religionsfreiheit. Zuwanderer kamen aus Baden und Württemberg, dem Elsass, der Schweiz, Italien und Polen. 1715–50 sah die Bauplanung in Karlsruhe verbindliche Typen von Modellhäusern vor: beim schlossnahen Zirkel (einer Querverbindung der Radialstraßen) zweistöckige und für die Radialstraßen einstöckige Bauten. Ab 1752 mussten die Häuser aus Stein gebaut werden. 1765 wurde erstmals eine der Radialstraßen, die Kronenstraße, über die Lange Straße (heute Kaiserstraße) hinaus verlängert. Der Hof selbst bot Arbeitsplätze, ferner gab es Handwerker, die Aufträge von dort erhielten, die adligen und bürgerlichen Haushalte beschäftigten Dienstboten, und es entstanden erste Manufakturen und »Fabriquen«.

Der liberale, reformorientierte Markgraf Karl Friedrich, der 1746–1811 regierte (ab 1806 als erster Großherzog), schaffte 1767 die Folter und 1783 die Leibeigenschaft ab. Nach dem Tod des Markgrafen August Georg von Baden-Baden 1771 wurden Baden-Baden und Baden-Durlach vereinigt, die Markgrafschaft Baden entstand. Die Vergrößerung der Markgrafschaft führte zu Wirtschafts- und Bevölkerungswachstum. 1769 hatte Karlsruhe 4527 Einwohner, 1788 bereits 7214. Karl Friedrichs hochgebildete Gattin Karoline Luise engagierte sich für Kultur und Wissenschaft, ihr »Mahlerey-Cabinet« und ihr »Naturalien-Cabinet« bildeten später den Grundstock für die Staatliche Kunsthalle und das Staatliche Museum für Naturkunde. Bedeutende Persönlichkeiten wie Voltaire (1758) und in den 1770er Jahren Goethe, Herder, Klopstock und Lavater besuchten den Hof.

Durch den Reichsdeputationshauptschluss 1803 vergrößerte sich das badische Territorium erneut erheblich und wurde Kurfürstentum, 1806 trat Baden dem Rheinbund bei und Karl Friedrich erhielt die Großherzogswürde. Zu Badens Gebietsgewinnen 1803, 1805, 1806 und 1810 zählten u. a. Teile der Kurpfalz, freie Reichsstädte, Freiburg mit dem Breisgau und Teile Württembergs. Baden, dessen Fläche dadurch von 3900 auf 14 000 km² und dessen Einwohnerzahl von 165 000 auf 900 000 wuchs, war nun ein Mittelstaat. Im Jahr 1801 lebten 8721 Bürgerinnen und Bürger in Karlsruhe, 1830 waren es bereits 20 109.

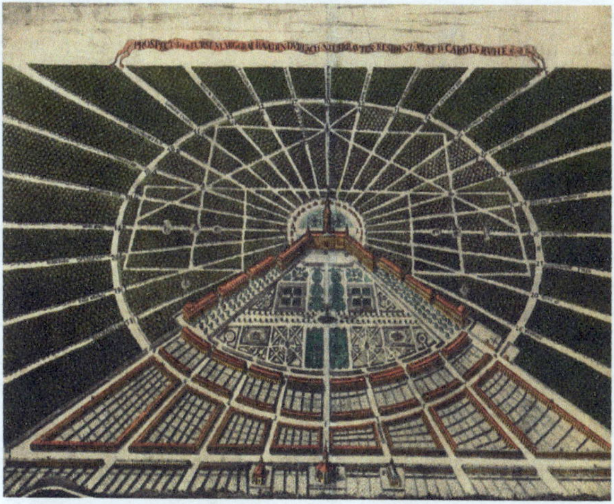

Die Fächerstadt Karlsruhe 1721

Friedrich Weinbrenner (1766–1826), ab 1801 badischer Baudirektor und höchster Baubeamter des staatlichen Bauwesens in Baden, wurde zum prägenden Stadtplaner und Architekten im ersten Viertel des 19. Jh.s in Karlsruhe. Sein Wissen hatte er sich weitgehend autodidaktisch 1790–92 in Wien, Dresden und Berlin sowie bei einem Italienaufenthalt 1792–97 angeeignet. Er war Leiter einer privaten Bauschule und Autor eines Architekturlehrbuchs. Ausgangspunkt seines Klassizismus war das Formenrepertoire der Antike, die ein »denkender Baumeister« allerdings nicht »sklavisch nachzuahmen« brauche, so Weinbrenner 1809. Mit klarer und nüchterner Formgebung suchte er auf antiker Grundlage universale, über eine nationale Prägung hinausgehende Grundformen von Bauten zu schaffen, die den Erfordernissen eines modernen Staates und der heraufkommenden bürgerlichen Gesellschaft entsprachen. Bereits als badischer Bauinspektor 1797–99 konzipierte er 1797 eine Planung für das Karlsruher Stadtzentrum, die eine vom Schloss- über den Marktplatz bis zum Ettlinger-Tor-Platz führende Nord-Süd-Achse – später »Via Triumphalis« genannt – mit Plätzen und repräsentativen klassizistischen Bauten vorsah. Mit seinem ab 1801 verwirklichten Plan kontrastierte er den Schlossbezirk mit einem bürgerlichen Stadtzentrum, dessen Bauten größtenteils von ihm selbst geplant wurden, so etwa Rathaus, Evangelische Stadtkirche, Pyramide und Markgräfliches Palais. Weitere erhaltene oder nach Zerstörung rekonstruierte Bauten Weinbrenners sind die Katholische Stadtkirche St. Stephan, die Münze und das Stephanienbad (heute Paul-Gerhardt-Kirche). Bis 1818 legte Weinbrenner mehrere Pläne zur Stadterweiterung vor. 1804 entwarf er neue Modellhäuser. Ziel war eine einheitliche, klassizistische Prägung der Stadt. Neue Modellhaustypen ab 1811 orientierten sich an den verschiedenen sozialen Ständen. Eine Baugnadenordnung gewährte Gnaden, d. h. Prämien für die Einhaltung bestimmter Bauweisen. Dabei ging es um Geschosshöhen, Fenstergestaltung, Tiefe der Häuser und Anzahl der Hofdurchfahrten. Modellfassaden Weinbrenners 1812 differenzierten zwischen Häusern für »Handwerker und Fabrikanten«, für die »mittlere Bürger Klasse« und für »reiche Particullieres« (Privatleute).

1818 wurde Baden mit einer der damals liberalsten deutschen Verfassungen mit Grundrechten eine konstitutionelle Monarchie – und mit dem Ende des Absolutismus in Baden endete auch der staatliche Baudirigismus weitgehend. Das Parlament wirkte nun bei der Gesetzgebung mit und musste den Steuern zustimmen. Modernisierung und Fortschritt in Baden und Karlsruhe zeigten sich während der ersten Hälfte des 19. Jh.s in Politik, Bildung und Verkehr. 1817 begann die Rheinbegradigung bei Knielingen zur Schiffbarmachung des Oberrheins. 1820–22 entstand in Karlsruhe das Ständehaus, das erste eigenständige deutsche Parlamentsgebäude. 1825 wurde die Technische Schule gegründet, als eine der ersten Einrichtungen ihrer Art in Deutschland. Am heutigen Standort des Badischen Staatstheaters wurde 1843 der erste Karlsruher Bahnhof zusammen mit der Eisenbahnstrecke Karlsruhe – Heidelberg eröffnet. In der Stadt entstanden in diesen Jahrzehnten wichtige Kunstinstitutionen: 1818 wurde der Badische Kunstverein gegründet, der drittälteste deutsche Kunstverein, und 1837–46 folgte die »Großherzogliche Gemäldegalerie« (heute: Staatliche Kunsthalle).

Die Badische Revolution, ein Teil der (gescheiterten) deutschen Revolution 1848/49, manifestierte sich in erfolglosen Erhebungen radikaler Republikaner unter Friedrich Hecker und Gustav Struve im April und September 1848 sowie in Aufständen im Jahr 1849. Die Karlsruher standen bei der Gegensätzlichkeit radikal-demokratischer und gemäßigt-liberaler politischer Kräfte eher auf der Seite der Letzteren. Am 28. Februar 1848 forderte man im Rathaus Pressefreiheit, die am 1. März in Kraft trat, und Volksbewaffnung – zur Abwehr möglicher revolutionärer Strömungen wurde eine Bürgerwehr gegründet. Am 11. Mai 1849 begann eine Militärrevolte in Rastatt, der sich am 13. Mai auch Soldaten der Karlsruher Infanteriekaserne anschlossen. Einen Tag zuvor waren Militär und Bürgerwehr auf die im März von der Nationalversammlung in Frankfurt beschlossene Reichsverfassung vereidigt worden. Nun verteidigte die Bürgerwehr das Karlsruher Zeughaus gegen die Aufständischen. Der Großherzog floh nach Mainz. Am 10. Juni bildete die Verfassunggebende Versammlung Badens für wenige Wochen eine provisorische demokratische Regierung, womit Baden faktisch eine Republik wurde. Bereits am 25. Juni besiegten preußische Truppen die badisch-pfälzische Revolutionsarmee. Die in Karlsruhe einrückenden Preußen wurden von der Bevölkerung freudig empfangen, ebenso der im August zurückkehrende Großherzog Leopold. Bis 1852 blieben die Preußen in Baden als Besatzer und verfolgten gnadenlos Demokraten.

Baulich folgte auf die Ära Weinbrenner das Wirken von Heinrich Hübsch (1795–1863), ab 1842 Baudirektor. Er propagierte eine pragmatisch-funktionalistische Architektur, die an der aktuellen technischen Entwicklung, an Baumaterialien und am Klima orientiert war und den Zweck eines Baus, seine Konstruktion und seine Form in Einklang zu bringen suchte. Damit wies seine Architektur bereits in die Moderne. Den Klassizismus als Baustil schätzte er nicht, ja er entwickelte einen »Rundbogenstil«, abgeleitet aus der romanischen Architektur. Damit orientierte er sich formal an frühchristlichen und romanischen Kirchen sowie italienischen Palazzi. Karlsruher Beispiele der Baukunst Hübschs sind die Staatliche Kunsthalle, das Hauptgebäude der Universität und die Kirche St. Cyriakus.

Unter Friedrich I. (ab 1852 badischer Regent und 1856–1907 Großherzog), einem politisch liberalen Förderer von Wirtschaft, Wissenschaft und Kunst, wurde Karlsruhe zur Industrie- und Großstadt. Eine »Neue Ära« begann 1860 mit einem Reformprogramm. 1862 hob die Gewerbefreiheit alle Beschränkungen durch die Zünfte auf, und das Gesetz über die Freizügigkeit erlaubte den Zuzug von Arbeitskräften. Im Jahrzehnt zuvor hatte die Stadt einen Wirtschaftsaufschwung erlebt. Nun entstanden Industriebetriebe wie Haid & Neu (1860), Junker & Ruh (1871) und die Deutsche Metallpatronenfabrik Lorenz (1878). Maschinenbau sowie Nahrungs- und Genussmittelherstellung waren die Schwerpunkte der Karlsruher Industrie. Ab etwa 1860 begann die Stadt für einige Jahrzehnte zu wachsen. Die Ausdehnung Karlsruhes folgte nun nicht mehr der axialen Ordnung der »Fächerstadt« – neue Straßen in der Süd- und Südweststadt, die in den 1860er Jahren entstanden, bildeten auch eine orthogonale Struktur. 1872 wurden wegen angeblicher Erfordernisse des Verkehrs alle Stadttore abgerissen, und ab den 1880er Jahren entstanden die Weststadt, ein Behörden- und Villenviertel, und die Oststadt, ab 1911 wurde die Gartenstadt Rüppurr errichtet.

1871 trat Baden dem Deutschen Kaiserreich bei, 1879 wurde die Lange Straße zur Goldenen Hochzeit des deutschen Kaiserpaares in Kaiserstraße umbenannt. 1881 nahm eine Dampfbahn auf Schienen ihren Betrieb in der Stadt auf (Elektrifizierung 1894). Karlsruhe überschritt 1901 die Einwohnerzahl 100 000 – und wuchs in der Folge weiter, auch durch Eingemeindungen: In der bereits um 1715 gegründeten Siedlung Klein-Karlsruhe außerhalb der Stadt, auch »Dörfle« genannt und heute von Kaiser-, Kapellen- und Adlerstraße umgrenzt, lebten ursprünglich Arbeiter, niedere Hofbedienstete und Soldaten – 1812 wurde das Areal Teil Karlsruhes; 1886 wurde Mühlburg eingemeindet; 1907 folgten Beiertheim, Rintheim und Rüppurr, 1909 Grünwinkel; als 1910 Daxlanden zu Karlsruhe kam, zählte die badische Hauptstadt bereits rund 134 000 Einwohner. Wichtige Infrastrukturprojekte dieser Zeit waren die Eröffnung des Rheinhafens 1901 und die Errichtung eines neuen Hauptbahnhofs 1913.

Die zweite Hälfte des 19. Jh.s und die Jahre bis zum Ende des Kaiserreichs waren auch für die Kunst und Architektur in Karlsruhe bedeutend: Die 1854 gegründete Kunstschule ist die Keimzelle der heutigen Kunstakademie. Hans Thoma (1839–1924), in seiner Zeit einer der populärsten deutschen Künstler, wurde 1899 Direktor der Staatlichen Kunsthalle. 1901 nahm die Großherzogliche Majolika Manufaktur ihren Betrieb auf, deren Keramiken als »Karlsruher Majolika« bis heute als hochwertige Produkte mit der Stadt verbunden werden. Eine Ausstellung im Badischen Kunstverein mit Werken von Braque, Jawlensky, Kandinsky, Kanoldt und Picasso wurde 1910 als Skandal empfunden. In der Kaiserzeit entstanden in Karlsruhe eine Vielzahl repräsentativer Bauten. Ein wichtiger Vertreter des Historismus in der badischen Hauptstadt war Joseph Durm (1837–1919), der u. a. das Erbgroßherzogliche Palais (heute BGH) und das Palais Schmieder (heute Prinz-Max-Palais) errichtete. Die Spanne der Architektur Hermann Billings (1867–1946) reicht von einem ganz eigenwilligen Historismus über den Jugendstil bis zur Neuen Sachlichkeit. Besonders sehenswert ist seine Villenkolonie an der Baischstraße. Die Bauten von Robert Curjel (1859–1925) und Karl Moser (1860–1936) wiederum zeigen einen unkonventionellen Historismus mit Einflüssen aktueller architektonischer Einflüsse wie etwa des Jugendstils. Das Bankhaus Veit Löw Homburger und die Christuskirche sind interessante Beispiele der Arbeit des Architekturbüros Curjel & Moser.

Am 10. November 1918 bildeten ein »Wohlfahrtsausschuss« der Stadt und der Soldatenrat eine provisorische badische Regierung unter Führung der SPD. Friedrich II., Großherzog seit 1907, dankte am 22. November ab. Karlsruhe war damit keine Residenzstadt mehr, sondern Hauptstadt der badischen Republik. Eine der wesentlichen Aufgaben der Stadtpolitik war die Behebung der Wohnungsnot, zu der es gekommen war, weil die Bautätigkeit während des Ersten Weltkriegs zurückgegangen war und 6000 Flüchtlinge aus Elsass-Lothringen und heimkehrende Soldaten hinzugekommen waren. 1919–33 wurden 8700 Wohnungen errichtet, darunter (ab 1919) die baustilistisch traditionelle Hardtwaldsiedlung in der Nordstadt.

1920 wurden Kunstschule und Kunstgewerbeschule zur Badischen Landeskunstschule zusammengeschlossen, deren erster Direktor der Architekt Hermann Billing war. Willy F. Storck zeigte als Leiter der Staatlichen Kunsthalle 1920–27 auch aktuelle Kunst, seine Nachfolgerin Lilli Fischl, Direktorin 1927–33, kaufte Werke des deutschen Impressionismus und der Neuen Sachlichkeit der 1920er Jahre. Die Neue Sachlichkeit in der Architektur konkretisierte sich in Karlsruhe beispielsweise in der Siedlung Dammerstock (1928–29), im Wohnblock Ebert-, Schwarzwald-, Schnetzler-, Klosestraße (1929–30) in der Südweststadt und im Rheinstrandbad Rappenwört (1928–29) in Daxlanden. In der Weimarer Republik wurde lediglich Bulach eingemeindet (1929). Die Eingemeindungen von Knielingen (1935), Durlach und Hagsfeld (beide 1939) erfolgten zwangsweise.

Die Nationalsozialisten übernahmen am 11. März 1933 die Macht in Baden durch eine neue Regierung unter dem Reichskommissar Robert Wagner. Karlsruhe fungierte als Hauptstadt des NSDAP-Gaus Baden. Oberbürgermeister Julius Finter (DDP) wurde am 8. Mai 1933 zum Rücktritt gezwungen und durch Friedrich Jäger (NSDAP) ersetzt. Die Kunsthallenleiterin Lilli Fischl entließ man wegen ihrer modernen Sammlungspolitik und ihres jüdischen Vaters. Die von ihrem Nachfolger Hans Adolf Bühler zusammengestellte Ausstellung *Regierungskunst 1918–33* brandmarkte avantgardistische Kunst als »entartet«. 1936–40 entstand die Rheinstrandsiedlung in Daxlanden mit ihren Satteldächern, Sprossenfenstern und Fensterläden bewusst als Gegenmodell zur modern-funktionalistischen Siedlung Dammerstock. Ein Beispiel für den neoklassizistischen Monumentalstil des Nationalsozialismus ist das ehem. Arbeitsamt (Kapellenstr. 17). In der Reichspogromnacht am 9./10. November 1938 brannten die beiden Karlsruher Synagogen. 945 Karlsruher Jüdinnen und Juden wurden 1940 in das südfranzösische Lager Gurs und etwa ein Drittel von ihnen später nach Auschwitz deportiert. Zum antifaschistischen Widerstand zählten in Karlsruhe Mitglieder von SPD, KPD und Zentrum sowie Geistliche. Die Bombenangriffe im Krieg forderten 1745 Todesopfer, von den 17134 Wohnhäusern der Stadt blieben nur 3414 unbeschädigt.

Nach nur geringem deutschen Widerstand besetzten die Franzosen am 4. April 1945 Karlsruhe. Gemäß den Vereinbarungen über die Besatzungszonen übernahmen die Amerikaner am 8. Juli 1945 die Stadt, im August wurde Hermann Veit (SPD) Oberbürgermeister. Im September verlor Karlsruhe durch die Bildung eines Bundeslandes Württemberg-Baden seinen Hauptstadtrang. 1952 wurde Baden-Württemberg gegründet (1970 machten die »Altbadener« noch einmal für ein Bundesland Baden mobil; bei der Volksabstimmung über den Verbleib Badens bei Baden-Württemberg stimmten allerdings 64 % der Karlsruher und knapp 82 % der Badener mit Ja). Durch die Installation des Bundesgerichtshofs 1950 – damals zählte die Stadt 201 013 Einwohnerinnen und Einwohner – und des Bundesverfassungsgerichts 1951 erfuhr Karlsruhe eine Aufwertung zu einer »Residenz des Rechts«.

Im Rahmen des Wiederaufbaus wurden stadtbildprägende Bauten im Zentrum rekonstruiert oder neuerbaut. Im Sinne der »autogerechten Stadt« entstanden wie in anderen westdeutschen Großstädten großzügige, den Individualverkehr bedienende Verkehrsschneisen. In Stadtrandzonen wurden Siedlungen errichtet, darunter das Mühlburger Feld, die Waldstadt (heute rund 12 500 Bewohner), Oberreut und die Bergwaldsiedlung. Im Rahmen der Bundesgartenschau 1967 erfuhren Stadtgarten, Schlossplatz und Schlossgarten eine Neugestaltung. Das »Dörfle«, auch als »Altstadt« bezeichnet, wurde in den 1970er Jahren einer Flächensanierung unterzogen; nur im Ostteil, wo man sich auf eine Objektsanierung beschränkte, blieb die kleinteilige Struktur erhalten. 1972 wurden Hohenwettersbach und Stupferich eingemeindet, 1973 Wolfartsweier, 1974 Grötzingen, 1975 Grünwettersach, Neureut und Palmbach. Bekannte Unternehmen wie Siemens, Schwabe, Pfizer,

L'Oréal, Michelin und Esso ließen sich in der zweiten Jahrhunderthälfte in Karlsruhe nieder.

Drei Architekten schufen prägnante Karlsruher Bauten: Egon Eiermann (1904–70), einer der bedeutendsten Architekten der deutschen Nachkriegszeit – 1947–70 lehrte er an der Karlsruher TH – entwarf das Versuchskraftwerk der Hochschule und das Bürogebäude der Mineralölraffinerie Oberrhein. Von Erich Schilling (1904–86) stammen u. a. die Schwarzwaldhalle, die Nancyhalle, das Büro- und Geschäftshaus Kaiserstraße 160 und 162 sowie das Gebäude der Deutschen Rentenversicherung. Postmoderne Bauten entwarf Heinz Mohl (*1931), so etwa die Landeskreditbank am Schlossplatz, die Heinrich-Hübsch-Schule und die Erweiterung der KIT-Bibliothek Süd. An der 1947 wiedereröffneten Kunstakademie lehrten in den 1970er und 1980er Jahren Georg Baselitz, Per Kirkeby und Markus Lüpertz. 1989 wurde mit dem Zentrum für Kunst und Medien (ZKM) ein Kunstinstitut mit einer weltweit einzigartigen Ausrichtung gegründet, das heute internationales Ansehen genießt. Hier werden Werke einer Vielzahl von künstlerischen Gattungen sowie informations- und kommunikationstechnische Innovationen durch Produktion, Forschung und Ausstellungen präsentiert und bearbeitet.

2003 wurde die Neue Messe Karlsruhe eröffnet, in der ein Jahr später erstmals die Kunstmesse *art karlsruhe* stattfand. Ein wichtiges Element der Stadtentwicklung ist die 2010–22 verwirklichte Kombilösung aus einem Straßenbahntunnel unter der Kaiserstraße und einer Straßenbahntrasse sowie einem Autotunnel für die Kriegsstraße.

2009 schlossen sich das Forschungszentrum Karlsruhe (bis 1995 Kernforschungszentrum) und die Universität (bis 1967 Technische Hochschule) zum Karlsruher Institut für Technologie (KIT) zusammen. Über 5000 Wissenschaftlerinnen und Wissenschaftler forschen dort. Neben neun weiteren deutschen Universitäten und einem Universitätsverbund darf das KIT seit 2019 den Titel »Exzellenzuniversität« tragen. Neben dem KIT hat die Stadt sieben weitere Hochschulen, zwei Fraunhofer-Institute und die Technologiefabrik Karlsruhe (ein Existenzgründerzentrum in der früheren Nähmaschinenfabrik Singer). Ferner ist die Stadt das Zentrum der TechnologieRegion (so die Eigenschreibweise) Karlsruhe, eines Zusammenschlusses mehrerer Städte und Landkreise zur Stärkung des Wirtschaftsraums Karlsruhe. Die Stadt mit ihren 4800 IT-Unternehmen ist damit ein Zentrum von Wissenschaft, Forschung und wirtschaftlich-technischer Innovation geworden. Kunst ist mit den Karlsruher Sammlungen traditionsbewusst und mit dem ZKM zugleich zukunftsorientiert. Hinzukommen die Toleranz und Weltoffenheit der Karlsruher und die den Badenern generell zugeschriebene Freude am Genuss – das alles macht das Karlsruhe von heute aus.

Stadtgeschichte in Daten

1715 Gründung der Stadt mit der Grundsteinlegung des Schlosses durch Markgraf Karl Wilhelm.
1717 Verlegung der Residenz der Markgrafschaft Baden-Durlach von Durlach nach Karlsruhe.
1718 Johannes Sembach wird erster Bürgermeister Karlsruhes.
1719 Karlsruhe hat 1994 Einwohner.
1738 Tod des Markgrafen Karl Wilhelm. Ein Regentschaftsrat führt die Regierungsgeschäfte für seinen minderjährigen Enkel Karl Friedrich, der 1746 Markgraf wird.
1756 Die erste Karlsruher Zeitung erscheint: das *Carlsruher Wochenblatt*.
1758 Der französische Philosoph Voltaire besucht den Karlsruher Hof.
1765 Erste Verlängerung einer der Radialstraßen, der heutigen Kronenstraße, über die Lange Straße (seit 1879 Kaiserstraße) hinaus.
1769 Karlsruhe hat 4527 Einwohner.
1771 Durch Erbanfall der Markgrafschaft Baden-Baden vergrößert sich die Markgrafschaft Baden-Durlach zur Markgrafschaft Baden.
1773 Gründung des Gynaeceums, einer höheren Lehranstalt für Mädchen.
1783 Aufhebung der Leibeigenschaft.
1787 Gründung des ersten öffentlichen Hoftheaters.
1791 Johann Peter Hebel wird an das Karlsruher Gymnasium berufen und 1808 dessen Direktor.
1801 Karlsruhe hat 8721 Einwohner.
1802 Friedrich Weinbrenner, seit einem Jahr badischer Baudirektor, legt einen Plan zur Stadterweiterung vor.

1803 Nach dem Reichsdeputationshauptschluss vergrößert sich Baden erheblich, Markgraf Karl Friedrich wird Kurfürst.
1803–13 Errichtung des Markgräflichen Palais durch Weinbrenner.
1806 Napoleon besucht Karlsruhe. Baden tritt dem Rheinbund bei und wird Großherzogtum.
1807–16 Bau der evangelischen Stadtkirche nach Plänen Weinbrenners.
1811 Tod des Großherzogs Karl Wilhelm, Nachfolger ist sein Enkel Karl.
1813 Karlsruhe hat nach starker Bautätigkeit 899 Häuser (1801: 488).
1817 Beginn der Rheinbegradigung bei Knielingen zur Schiffbarmachung des Oberrheins.
1818 Baden erhält eine der damals liberalsten Verfassungen und wird eine konstitutionelle Monarchie. Tod des Großherzogs Karl, sein Nachfolger ist Ludwig I.
1819 Eröffnung der Badischen Ständeversammlung, des badischen Parlaments, im Schloss.
1820–22 Errichtung des Ständehauses, des ersten deutschen Parlamentsgebäudes.
1825 Gründung der Polytechnischen Schule.
1830 Tod des Großherzogs Karl, dem Großherzog Leopold folgt.
1837–46 Bau des südwestlichen Flügels der Großherzoglichen (heute Staatlichen) Kunsthalle durch Heinrich Hübsch.
1843 Eröffnung des ersten Karlsruher Bahnhofs mit der Eisenbahnstrecke Karlsruhe–Heidelberg.
1848 Im Februar fordert eine Versammlung im Rathaus Pressefreiheit und Volksbewaffnung. Im März tritt die Pressefreiheit in Kraft.

1949 Im Januar treten die 1848 von der Nationalversammlung verkündeten Grundrechte in Baden in Kraft. Im April nimmt die großherzogliche Regierung die Reichsverfassung an. 11. Mai: Militärrevolte in Rastatt. 12. Mai: Bürgerwehr und Militär werden auf die im März von der Nationalversammlung in Frankfurt beschlossenen Reichsverfassung vereidigt. 13. Mai: Aufstand der Soldaten in der Karlsruher Infanteriekaserne; die Bürgerwehr verteidigt das Zeughaus gegen die Aufständischen. Flucht des Großherzogs nach Mainz. 10. Juni: Die Verfassunggebende Versammlung Badens bildet eine provisorische demokratische Regierung, die erste republikanische Regierung eines deutschen Landes. 25. Juni: Niederlage der badisch-pfälzischen Revolutionsarmee gegen die preußischen Truppen in der Schlacht bei Durlach. 26. Juni: Einzug der Preußen in Karlsruhe, Besetzung Badens bis 1852. Verfolgung von Demokraten. 18. August: Großherzog Leopold kehrt nach Karlsruhe zurück.

1854 Gründung der Großherzoglichen Kunstschule.

1856 Friedrich I., seit 1852 Prinzregent für seinen kranken Bruder Ludwig II., wird Großherzog.

1865 Die Polytechnische Schule wird zur Technischen Hochschule erhoben.

1871 Baden tritt dem Deutschen Kaiserreich bei.

1873 Eröffnung des Vierordtbades als erste öffentliche Badeanstalt.

1879 Die Lange Straße wird zur Goldenen Hochzeit des deutschen Kaiserpaares in Kaiserstraße umbenannt.

1893 Gründung eines Gymnasiums für Mädchen.

1898 Erstmals vertritt ein SPD-Abgeordneter den Wahlkreis Karlsruhe im Reichstag.

1901	Gründung der Staatlichen Majolika Manufaktur. Die Einwohnerzahl überschreitet die 100 000er-Marke – Karlsruhe ist nun Großstadt.
1904	Magdalena Meub nimmt als erste Studentin an der TH Karlsruhe ihr Studium auf. Sie wird die erste approbierte Apothekerin Deutschlands.
1907	Tod Großherzog Friedrichs I., dem Friedrich II. nachfolgt.
1913	Der neue Hauptbahnhof wird eröffnet.
1918	Am 10. November bilden Wohlfahrtsausschuss und Soldatenrat eine provisorische Regierung. 11. November: Flucht des Großherzogs. 22. November: Abdankung Friedrichs II.
1920	Das 1919 gegründete Landesmuseum eröffnet erste Räume im Schloss.
1928–29	Bau der Siedlung Dammerstock und des Rheinstrandbades Rappenwört.
6. 11. 1932	In Karlsruhe stimmen bei der Reichstagswahl 37,7 % der Wähler für die NSDAP (im ganzen Deutschen Reich: 33,1 %).
1933	11. März: Machtübernahme der NSDAP in Baden durch eine neue Regierung unter Robert Wagner als Reichskommissar. 8. Mai: OB Dr. Julius Finter (DDP) wird von den Nationalsozialisten zum Rücktritt gezwungen. 18. Mai: Adolf Friedrich Jäger (NSDAP) neuer OB.
9./10. 11. 1938	»Reichspogromnacht«: Auch die beiden Karlsruher Synagogen werden in Brand gesteckt.
1939	Karlsruhe hat 184 489 Einwohner.
1940	945 Karlsruher Jüdinnen und Juden werden in das südfranzösische Internierungslager Gurs und etwa ein Drittel von ihnen später nach Auschwitz deportiert.

4.12.1944 Der größte Sprengbombenangriff auf Karlsruhe fordert 375 Todesopfer.

1945 4. April: Nach geringem Widerstand in der Stadt besetzen französische Truppen Karlsruhe. 8. Juli: Gemäß dem alliierten Zonenabkommen übernehmen US-Streitkräfte die Stadt. 4. August: Hermann Veit (SPD) wird OB. 19. September: Mit der Bildung des Landes Württemberg-Baden (Hauptstadt: Stuttgart) verliert Karlsruhe seine Hauptstadtfunktion.

1950 Der Bundesgerichtshof nimmt seine Arbeit auf. 201 013 Menschen leben in Karlsruhe.

1951 Einweihung des Bundesverfassungsgerichts. Bei der Volksabstimmung über die Bildung des Bundeslandes Baden-Württemberg stimmen 68 % der Karlsruher für die Wiederherstellung des Landes Baden.

1952 Gründung des Bundeslandes Baden-Württemberg.

1967 Die TH wird in Universität Karlsruhe umbenannt.

1970 Volksabstimmung in Baden über den Verbleib Badens bei Baden-Württemberg: 64 % der Karlsruher stimmen mit Ja (Baden insg.: knapp 82 %).

1975 Der Neubau des Badischen Staatstheaters wird eröffnet.

1980 Gründung der Partei Die Grünen in Karlsruhe.

1997 Das 1989 gegründete Zentrum für Kunst und Medientechnologie (ab 2016 Zentrum für Kunst und Medien) zieht in den ehem. Hallenbau A der Deutschen Waffen- und Munitionsfabriken ein.

2002 Mit 55,6 % votieren die Karlsruher bei einem Bürgerentscheid für die Kombilösung aus einem Straßenbahntunnel unter der Kaiserstraße und einem Umbau der Kriegsstraße.

2003 Eröffnung der Neuen Messe Karlsruhe
2004 Erstmals findet die Kunstmesse *art karlsruhe* statt.
2009 Zusammenschluss der Universität Karlsruhe und des Forschungszentrums Karlsruhe zum Karlsruher Institut für Technologie (KIT).
2013 Karlsruhe hat 300 051 Einwohner.
2015 Karlsruhe feiert seinen 300. Stadtgeburtstag.
2021 Eröffnung des ab 2010 gebauten Straßenbahntunnels unter der Kaiserstraße.
2022 Eröffnung des ab 2017 gebauten Autotunnels unter der Kriegsstraße.

Kulturkalender

Februar/März

art KARLSRUHE – Messe für Klassische Moderne und Gegenwartskunst; **Fastnachtsumzug** (am Fastnachtsdienstag in Karlsruhe, am Fastnachtssonntag in Durlach); **Internationale Händel-Festspiele**

April – Juni

Independent Days Filmfest / Internationale Filmfestspiele Karlsruhe – Vorführungen unabhängiger Filmproduktionen jenseits großer Filmstudios; **Europäische Kulturtage** – multikulturelles Festival; **Frühjahrsmess** – Jahrmarkt auf dem Messplatz; **Hafen-Kultur-Fest** – Live-Musik und Bühnenprogramm; **Wissenschaftsfestival Effekte** – Wissenschaftsshows, Vorträge, Podiumsdiskussionen, Kunst- und Musik-Performances

Juni/Juli

Karlsruhe klingt – music to go – Studierende und Lehrende der Musikhochschule machen Musik auf Straßen und Plätzen; **Durlacher Altstadtfest** – Live-Musik und Open-Stage-Programm; **African Summer Festival** – afrikanisches Kulturfestival mit Musik, Tanz und Gastronomie; **Zeltival** – internationales Musikfestival; **Das Fest** – eines der größten deutschen Open-Air-Musikfestivals

August

KAMUNA – Karlsruher Museumsnacht – 16 Karlsruher Museen sind geöffnet und zeigen künstlerische Darbietungen; **Schlosslichtspiele** – visuelle Inszenierungen auf der Schlossfassade; **Lichterfest** im Stadtgarten

September

Karlsruher Theaternacht – Karlsruher Theater zeigen Ausschnitte ihrer Produktionen der kommenden Spielzeit

Oktober/November

Pride Pictures – Queer-Film-Festival Karlsruhe; **Karlsruher Stadtfest** – Live-Musik, Kleinkunst und Gastronomie; **Herbstmess** – Jahrmarkt auf dem Messplatz

Dezember

Knock Out Festival – Metal- und Rockfestival; **Christkindlesmarkt** – Weihnachtsmarkt auf dem Marktplatz und dem Friedrichsplatz

Rundgänge

(s. Karte auf der hinteren Buchklappe)

Rundgang A: Staatliche Kunsthalle (S. 35), Schwedenpalais (S. 49), Stephanienstraße (S. 54), Münze (S. 55), ehem. Bankhaus Veit Löw Homburger (S. 53), Prinz-Max-Palais (S. 54), Haus Kaiserstraße 144 (S. 53), Stephanplatz (S. 51), Waldstraße (S. 48), Kammertheater (S. 46), Wohn- und Geschäftshaus Herrenstraße 26–28 (s. 46), **St. Stephan** (S. 43), Badische Landesbibliothek (S. 42), Friedrichsplatz (S. 42).

Rundgang B: Schloss (S. 28), **Bundesverfassungsgericht** (S. 37), Staatliche Kunsthalle (S. 35), Badischer Kunstverein (S. 49), Waldstraße (S. 48), **ehem. Hofapotheke** (S. 49), Bundesgerichtshof (S. 46).

Rundgang C: Zirkel (S. 32), Museum beim Markt (S. 116), **Marktplatz** mit Pyramide (S. 62 f.), Evangelische Stadtkirche (S. 64), Rathaus (S. 64), ehem. Großherzogliches Bezirksamt (S. 65), Rondellplatz mit Verfassungssäule (S. 40), ehem. Markgräfliches Palais (S. 40), Info-Pavillon, ehem. Oberpostdirektion (S. 77), Vierordtbad (S. 80), Festplatz mit Stadthalle (S. 80 f.), Konzerthaus (S. 81) und Schwarzwaldhalle (S. 81), Wohnblock Hermann-Billing-Straße 2–6 / Beiertheimer Allee 1–9 (S. 82).

Das Schloss und die westliche Innenstadt

Rund um das Schloss

Schloss, heute Badisches Landesmuseum (1 C1): Der 52 m hohe achteckige, heute begehbare Schlossturm ist das Zentrum der barocken Stadtanlage. Das Schloss entstand 1715–18 nach einem Entwurf von Friedrich von Batzendorf und wurde 1752–85 nach Plänen, an denen auch Balthasar Neumann beteiligt war, von Albert Friedrich von Kesslau umgebaut. Den Mitteltrakt zentriert ein fünfachsiger, flacher Risalit mit Säulenportikus und Dreiecksgiebel. Daran schließen sich im stumpfen Winkel Seitenflügel an, die in Pavillons mit Uhrtürmchen enden. Rechtwinklig angesetzte Bauten verlängern die Seitenflügel. Die Fenstergitter und Balkongeländer im Rokokostil schuf Melchior Hugenest, die Bauplastik – Figuren, Waffen und Fahnen – stammt von Ignaz Lengelacher. 1785 erhielt der Schlossturm durch Wilhelm Jeremias Müller ein Haubendach mit Laterne. Bis 1918 fungierte das Schloss als Residenz, 1919 wurde es zum Badischen Landesmuseum (zur Sammlung s. S. 115). Innen war es aufwendig ausgestattet, doch 1944 brannte der Bau bis auf die Außenmauern aus; 1952–66 wurde lediglich das Äußere rekonstruiert und das Innere den Bedürfnissen des Museums entsprechend ausgestaltet.

Karlsruher Fächer (1 A–D1/2): Vom Turm des Schlosses geht ein Strahlenkranz von 32 Wegen aus. 23 dieser Achsen verlaufen durch den Schlossgarten nördlich und den Fasanengarten nordöstlich des Residenzschlosses sowie weiter durch den Hardtwald. Neun Strahlen beginnen ihren Weg südlich des Schlossbezirks mit dem Schloss als der ursprünglichen Zentrale des absolutistischen Herrschaftssystems und durchqueren die Innenstadt.

Außerdem führt der **Blaue Strahl**, ein schmaler Streifen aus Majolika-Fliesen, vom Schlossturm aus durch den Schlossgarten zur Majolika Keramik Manufaktur (S. 38 f.).

Schlossgarten (1 B–C1): Das Schloss ist der Mittelpunkt eines Kreises, der aus der Hans-Thoma-Straße, dem Ahaweg, dem Neuen Zirkel und dem Zirkel gebildet wird, und in dessen nördlicher Hälfte erstreckt sich der Schlossgarten. Ursprünglich als geometrischer Barockgarten angelegt, wurde das Areal um 1790 von Friedrich Schweickhardt in einen englischen Landschaftspark umgewandelt. Die heutige Gestaltung geht auf die Bundesgartenschau 1967 zurück. Wer den Schlossgarten durch den Durchgang rechts des Schloss-Westflügels betritt, stößt links auf den **Seepferdchen-Brunnen** (1709–16), der Gabriel Grupello zugeschrieben wird. Linker Hand etwas versteckt hinter der breiten Allee steht ein **Denkmal für den Dichter Johann Peter Hebel** (1760–1826), das 1835 von Fridolin Fechtig geschaffen wurde; Hebel hatte von 1791 bis zu seinem Tod in Karlsruhe gelebt. Die **Hermann-und-Dorothea-Gruppe** (1863–66) von Carl Johann Steinhäuser im Westteil des Parks beim Linkenheimer Tor, wo die Moltkestraße auf den Schlossgarten trifft, nimmt Bezug auf das Goethe'sche Epos von 1797. Die **Wassersäulen** im Nordwesten des Schlossgartens gestaltete das Architekturbüro Hölzinger und Goetsert 1967. In der Nähe steht das **Griechentempelchen** mit dorischen Säulen (1802) von Friedrich Weinbrenner. Im Nordosten des Parks befindet sich das achteckige, in chinesischer Manier gestaltete **Teehaus** (1764).

Der **Schlossplatz** (1 C2), südlich des Schlosses zwischen Zirkelbauten gelegen, war ursprünglich ein Barockgarten; später fanden hier auch Jahrmärkte und Versammlungen statt. Zur Bundesgartenschau 1967 entstand ein einfaches Rasenparterre, 1988–90 wurde der Platz rebarockisiert, 2010–11 jedoch durch Agence Ter. de GmbH Landschaftsarchitekten in Annäherung

Ausgangpunkt der Stadtentwicklung: das Schloss

an die BUGA 1967 erneut umgestaltet. Das Mittelparterre bilden sechs streng geometrisch angeordnete rechteckige Rasenflächen mit schmalen Wasserbändern dazwischen. Wer den Schlossplatz von der Innenstadt kommend betritt, stößt auf eine Reihe von Skulpturen. Die erste ist das *Denkmal für Markgraf Karl Friedrich* (1728–1811), 1843–44 von Ludwig Schwanthaler gestaltet. Der **Zugang zur Tiefgarage** links des Denkmals, 2010 von gassmann-architekten errichtet, ist mit seinem weit auskragenden Stahlblechdach ein markantes kleines Bauwerk. Die Rasenflächen säumen zwei Reihen **mythologischer Figuren**, die Ignaz Lengelacher bis 1764 schuf. Zwei von ihnen, *Hebe* und *Diana*, gingen verloren und wurden 1966–67 von Emil Sutor durch Skulpturen in barockem Stil ersetzt. Die linke Reihe zeigt *Herkules im Kampf mit dem Drachen*, den *Borghesischen Faun mit dem Dionysosknaben*, *Äskulap*, *Bacchus*, *Venus Callipygos* und *Hebe*. Die Skulpturen auf der linken Seite sind *Simson im Kampf mit dem Löwen*, der *Farnesische Herkules*, *Hygieia*, ein *Flötenspieler*, *Pan* und *Diana*. Es folgen je zwei **Wachthäuschen und Pavillons**, und vor dem Mittelportal des Schlosses sind auf einer ovalen Fläche zwei **Marmorbrunnen** (1864–65) von Karl Philipp Dyckerhoff platziert. In den beiden Gartenräumen an den Parkseiten (also im Westen) befindet sich je ein **Najaden-Brunnen** (1813–17; Figuren: Joseph Kayser, Brunnenentwurf: Karl Dyckerhoff).

Zirkelbauten (1 B–C2): Die ursprünglichen acht langgestreckten Gebäude zwischen dem Schlossplatz und der Straße Zirkel an einem Kreisweg, der sich in einem Radius von etwa 430 m um den Schlossturm herum zieht, entstanden ab 1811. In ihnen waren Wohnungen für Hofbeamte und Bedienstete der staatlichen Verwaltung untergebracht. Nach schweren Zerstörungen im Zweiten Weltkrieg wurden die Bauten verändert, aber in der nach einem Plan von Friedrich Weinbrenner zu Beginn des 19. Jh.s vorgesehenen Kubatur mit einheitlichen Arkadengängen zum Schlossplatz wiedererrichtet. Die Zirkelbauten von Ost nach West:

Die beiden östlichsten Zirkelbauten gehören heute zum **Regierungspräsidium**: Der östliche Bau (**Schlossplatz 1–3**), eine Vierflügelanlage mit Rundbogenarkaden, entstand 1830–33 als Backsteinbau mit Sandsteinelementen nach einem Entwurf von Heinrich Hübsch; die Fassade aus unverputzten Ziegelflächen und Hausteinteilen war in Karlsruhe ein Novum gegenüber den bisherigen Putzfassaden; in den ursprünglich zweigeschossigen Seitenflügeln war einst die Finanzkanzlei untergebracht; 1952 wurden sie um ein Geschoss aufgestockt. Im Nachbargebäude (**Schlossplatz 4–6**) war früher die Staatsschuldenverwaltung untergebracht; den Bau gestaltete Friedrich Ostendorf 1910–13 ebenfalls mit Rundbogenarkaden; das ursprüngliche Mansarddach wurde beim Wiederaufbau 1951–52 durch ein Vollgeschoss ersetzt.

Im von Osten gesehen dritten und vierten Zirkelbau ist die **L-Bank (Staatsbank für Baden-Württemberg)** ansässig: Das dritte Gebäude (**Schlossplatz 10**), ein viergeschossiger Klinkerbau mit Pfeilerkolonnade, wurde 1980–83 in Orientierung an den Grundformen der anderen Zirkelbauten von Heinz Mohl errichtet; das kupfergedeckte Tonnendach und die Fassadeneinschnitte mit Säulen und Glasgiebelchen an allen vier Seiten betonen aber eine postmoderne Eigenständigkeit; die bronzenen Säulenskulpturen (1982) stammen von Jürgen Goertz. Der vierte Bau (**Schlossplatz 12**), dreigeschossig und mit filigranen Pfeilergängen im Erdgeschoss, einer mit Ziegeln ausgefachten Sichtbeton-Rasterfassade und schiefergedeckten Walmdächern, entstand 1957 nach einem Entwurf von Hermann Blomeier und wurde 2008–13 von Thomas Müller / Ivan Reimann Architekten saniert und im Innern neugestaltet.

Der **Platz der Grundrechte** (1 C2) zwischen Schloss- und

Marktplatz sowie zwischen den beiden mittleren Zirkelbauten wurde 2002–05 von Jochen Gerz konzipiert. 48 Aussagen zu Recht, Unrecht und Gerechtigkeit aus Interviews mit Juristen und Wissenschaftlern sowie Bürgern, die mit dem Gesetz in Konflikt gekommen sind, hat der Konzeptkünstler beidseitig auf Straßenschilder gesetzt. 24 dieser Schilder stehen auf dem Platz der Grundrechte, 24 Doubletten von ihnen wurden an 24 weiteren Orten in Karlsruhe aufgestellt.

Im fünften Zirkelbau von Osten gesehen (**Schlossplatz 14**) war bis 2020 das Finanzamt Karlsruhe-Stadt untergebracht; heute wird er als Interimslösung von verschiedenen Behörden genutzt. Der sachlich-schlichte Putzbau wurde 1956–58 nach Plänen des Staatlichen Hochbauamtes errichtet; mit seinem Bogengang entspricht er der Weinbrenner'schen Planung.

Der nächste Zirkelbau (**Schlossplatz 19**) wird seit 2000 durch das **International Department of the Karlsruhe Institute of Technology (KIT)** genutzt, nachdem hier bereits das Archiv, die Großherzogliche Kanzlei, das Innenministerium sowie das Landratsamt ihren Sitz hatten: Die ursprüngliche klassizistische, dem Schlossplatz zugewandte Front mit ihren zwei Geschossen, Rundbogenarkaden, 19 Fensterachsen und einem neunachsigen Mittelrisalit wurde 1803–11 von Friedrich Weinbrenner erbaut, der rückwärtige Archivbau von Wilhelm Jeremias Müller 1787–92 in einem Übergangsstil zwischen Spätbarock und Klassizismus gestaltet. Nach Kriegszerstörung wurde das Gebäude 1954–57 wiedererrichtet und um ein Geschoss aufgestockt. Das Architekturbüro Grünenwald + Heyl gestaltete das Gebäude 2000 zu einem kleinen Campus mit einem abgesenkten, ellipsenförmigen Hörsaal und 113 Wohneinheiten für Studierende um.

Das vorletzte Gebäude von Osten gesehen (**Schlossplatz 21**) ist das jüngste der Zirkelbauten und wird von der **L-Bank** genutzt: Es entstand 2004–09 nach Plänen von Weinmiller

Großmann Architekten. Wie der Bau von Mohl fügt es sich in den formalen Zusammenhang der anderen Zirkelbauten ein, doch die helle Natursteinfassade mit den tief eingelassenen Fenstern und die betonten Einfassungen der Dachfenster zeigen markante Modernität.

Das **Amtsgericht** (**Schlossplatz 23**), 1956–58 von Fritz Langenbach erbaut, schließt das Rund der Zirkelbauten im Westen ab: Der dem Schlosspark zugewandte Trakt orientiert sich mit den Fensterreihen seiner beiden Obergeschosse und einem Arkadengang gestalterisch an den benachbarten Zirkelbauten. Deutlich markanter und moderner ist der Bauteil an der Waldstraße mit dem Haupteingang gestaltet: Das zweite Obergeschoss ist über einer Rasterfassade mit großen Fensterflächen zurückgesetzt und trägt ein hervorkragendes Flachdach. Eine elegante Treppe führt vom Foyer in das erste Obergeschoss.

Staatliche Kunsthalle (1 B1/2): Der Bau wurde als einer der ersten in Deutschland ab 1837 eigens als Museumsbau geplant. ◆ Bis er 1990 seine endgültige Gestalt erhielt, waren vier Architekten am Werk. In der Formgebung der italienischen Frührenaissance und des von ihm propagierten Rundbogenstils errichtete Heinrich Hübsch 1837–46 den ersten, südwestlichen Flügel. Die zweigeschossige Fassade ist durch Sandstein im Erdgeschoss und Backstein im Obergeschoss differenziert, die sogenannten Serliana-Fenster mit ihren breiteren und höheren Mittel- und schmalen Seitenelementen folgen Entwürfen Andrea Palladios (1508–80). Franz Xaver Reich schuf die Marmorstatuen auf dem Balkon über dem Portal, die für die Malerei (links) und die Bildhauerei (rechts) stehen, ebenso die Reliefs neben dem Eingang. Sie zeigen links Michelangelo und Raffael, rechts Hans Holbein d. J., Albrecht Dürer und den Bildhauer Peter Vischer. 1894–96 fügte Josef Durm dem Bau den südöstlichen Flügel hinzu; er lehnte sich an Hübschs Südwestbau an, gestaltete jedoch den Risalit, der dem Bundesverfassungsgericht zugewandt ist, in aufwendigerer neobarocker Manier. 1908–09 entstand ein nordöstlicher Erweiterungsbau nach einem Entwurf von Heinrich Amersbach, der jedoch 1981–82 abgerissen wurde, da er mit seinen drei Geschossen nicht zum zweigeschossigen Museumsrundgang gepasst hatte. 1982–90 schloss Heinz Mohl den Bau durch eine Erweiterung an der Nordwestseite und gestaltete den Nordostflügel, dessen Fassade man erhalten hatte, im Innern neu. Er orientierte sich mit seinen Sockel-, Gurt- und Kranzgesimsen und auch mit seinen Klinkerfassaden an Hübschs Bauelementen. In die Nordwestfassade setzte er einen postmodernen Akzent: Ein schlanker Pfeiler inmitten von bogenförmigen Wandelementen führt hinauf zu einem stählernen Giebelchen, das eine Kopfskulptur von Horst Antes birgt. Im Innern ist das statisch anspruchsvolle Trichtergewölbe über dem Treppenhaus sehenswert, in dem ein monumentales Wandbild (1842) zur Einweihung des Freiburger Münsters angebracht ist. Zur Kunsthalle gehören noch zwei Nachbargebäude, die Junge Kunsthalle und die Orangerie (s. S. 118). Seit 2021 und voraussichtlich bis 2029 ist der Hauptbau wegen einer Sanierung geschlossen. Das Architekturbüro Staab Architekten gestaltet den Innenhof neu. Auch ein Erweiterungsbau ist vorgesehen. Zur Sammlung s. S. 117.

Botanischer Garten (1 B1): Bereits im 18. Jh. gab es vor dem Schloss einen Lustgarten, ab 1808 einen Botanischen Garten nach Entwürfen von Friedrich Weinbrenner. Sein Schüler Heinrich Hübsch gestaltete den Garten neu, indem er ihn 1853–57 durch eine Abfolge von Bauten einfasste. So entstand ein rechter Winkel aus Gebäuden, der zum Schloss hin mit einer halbkreisförmigen baulichen Anlage ausschwingt. Den Auftakt an der Hans-Thoma-Straße 4 bildet das ehem. **Wohnhaus des Hofgartendirektors** (1842–43) mit der geometrischen Ornamentik seines ersten Obergeschosses, heute die **Junge Kunst-**

halle. Es folgt die **Orangerie** (1 B1; seit 1925 ein Teil der Staatlichen Kunsthalle), deren Halle sich zwischen einem Kuppelbau und einem Eckpavillon mit Walmdach erstreckt; feine geometrische Linien aus roten Ziegeln strukturieren die hell geklinkerten Außenwände. Daran schließen sich das Gebäude mit Kamelien und Sukkulenten, das höher gebaute Palmen- und das Tropenhaus an. Ein Torbau mit zwei runden Türmen schafft eine Verbindung zum Schlosspark. Es folgt der konkav geformte frühere Wintergarten, heute ein Restaurant; Karyatiden tragen das Gebälk seiner von Karl Philipp Dyckerhoff 1870 entworfenen Pergola aus Eisen. Ein Rundturm schließt die Anlage ab. Ganz in der Nähe steht die erhaltene Einfassung des Mühlburger Tores mit zwei Greifen, die 1967 hierher versetzt wurde.

Das **Bundesverfassungsgericht** (1 C1) war ab 1951 im Prinz-Max-Palais (s. S. 54) untergebracht gewesen, bis Paul Baumgarten 1965–69 den Neubau zwischen Schloss und Kunsthalle errichtete. Der Komplex in Pavillonbauweise besteht aus fünf annähernd quadratischen Kuben unterschiedlicher Höhe mit Flachdächern, die durch verglaste Gänge miteinander verbunden sind. Das Sitzungssaalgebäude direkt an der Straße Schlossbezirk ist am höchsten. Zurückgesetzt rechts daneben liegt der aufgeständerte Richterbau, auch »Richterring« genannt, da er einen Hof umschließt. Zum Schloss hin folgt ein Verwaltungsgebäude. Zwischen Sitzungssaalbau und Botanischem Garten ist die Bibliothek platziert, links neben dem Sitzungssaalgebäude steht ein weiterer Kubus mit Büros. Die Stahlskelettbauten zeigen große Glasfassaden, die mit Holz aus Red Oregon Pine gerahmt sind und von Brüstungen aus Aluminiumgussplatten mit einer welligen Struktur gegliedert werden. Der nüchterne, entschieden moderne Komplex strahlt Leichtigkeit und Durchlässigkeit aus. Die offene Bauweise soll für die Transparenz des demokratischen Systems der Bundesrepublik

Architektur in der Demokratie: das Bundesverfassungsgericht

stehen und setzt sich bewusst von der monumentalen Einschüchterungsarchitektur von Justizpalästen des 19. Jh.s ab. Neben der Bibliothek entstand 2007 ein Erweiterungsbau nach einem Entwurf von Michael Schrölkamp. Zum Botanischen Garten hin ist dem Gebäude eine rechtwinklige Stahlkonstruktion mit Pflanzenkübeln angefügt, die einen Übergang zum Park schaffen soll. Die Schmalseiten des Bürobaus sind durch eine Messingverkleidung elegant gestaltet. Assem Architekten besorgten 2009–14 eine umfassende Sanierung des Gerichts, bei der sie die Hülle der Gebäude fast gänzlich durch eine sorgfältige Kopie ersetzten, dabei jedoch die originalen Aluminiumgusstafeln erhielten.

Majolika Keramik Manufaktur (I C1): Der Blaue Strahl, ein Weg aus 1645 blauen Majoloka-Fliesen, führt vom Karlsruher Schlossturm durch den Schlossgarten hierher. 1901 wurde die Großherzogliche Majolika Manufaktur gegründet. Seit 2020 ist die Majolika eine gemeinnützige Kulturinstitution, die Kunsthandwerk und Design in der Keramik weiterentwickeln möchte. Die Majolika-Technik ist ein Glasurverfahren, bei dem Keramiken mit einer zinnhaltigen Opakglasur bedeckt werden, die eine Grundlage für farbige Dekorationen bietet. 1908–09 entstand das viergeschossige Produktionsgebäude nach Plänen von Hans Grossmann und Artur Pfeifer, 1911–13 wurde es erweitert. 1930 wurde das eingeschossige Verwaltungsgebäude mit einem Mansardenwalmdach errichtet; es beherbergt heute das **Majolika-Museum** mit rund 2000 keramischen Objekten, eine Zweigstelle des Badischen Landesmuseums. Die Pfeiler der Eingangs-Vorhalle ziert eine Majolika-Verblendung, und über den Fenstern des Erdgeschosses läuft ein Fries aus Majolika-Platten. Die **Majolika Galerie** bietet Wechselausstellungen mit Arbeiten nationaler und internationaler Keramikkünstler.

Der oktogonale **Wasserturm** neben dem Gebäudekomplex der Majolika wurde 1866 nach Plänen von Karl Philipp Dyckerhoff erbaut. Er versorgte einst Schloss und Parkanlagen mit Wasser. Es gibt nur noch wenige Zeugen dieser Baugattung aus der Mitte des 19. Jh.s.

Vom Ettlinger-Tor-Platz durch die übrige westliche Innenstadt

Infopavillon »K.« (Ettlinger-Tor-Platz 1a, I C3): Der mit einer Metallhaut verkleidete Stahlskelettbau, 2010 von den Architekten Kränzle + Fischer-Wasels errichtet, steigt bis zu einem rechteckigen Turm mit zwei Aussichtsplattformen an. Mit »K« war ursprünglich die »Kombilösung« gemeint, das große Karlsruher Verkehrsprojekt der Jahre 2010–22, und das »K« steht seit 2021 einfach für Karlsruhe, aber auch für den Kartenverkauf des Staatstheaters und die Kommunikationsabteilung des Staatstheaterumbaus. Die Standzeit des Provisoriums wurde bis 2031 verlängert.

Karl-Friedrich-Straße (1 C2): Der Kunsthistoriker Arthur Valdenaire (1883–1946) nannte die Folge repräsentativer klassizistischer Bauten, die vor allem Friedrich Weinbrenner ab 1801 entwarf, und die Plätze an diesem vom Schlossplatz bis zum Ettlinger-Tor-Platz führenden Straßenzug »Via Triumphalis«. Einer der Plätze ist der **Rondellplatz** (1 C2). Dort zeigt allerdings nur noch der mittlere Teil der Fassade des Markgräflichen Palais die ursprüngliche Bebauung des Platzes, die übrigen Gebäude sind bis auf den Neorenaissancebau Nr. 24 Neubauten der Nachkriegszeit.

Verfassungssäule / Großherzog Karl-Denkmal (Rondellplatz, 1 C2): Obelisk und Brunnen aus rotem Sandstein wurden 1822–27 von Friedrich Weinbrenner entworfen, die bildhauerischen Arbeiten schuf bis 1832 Alois Raufer. Zwei Greifen sind am Fuße des Obelisken platziert, in dessen Sockel ein Medaillon Karls (reg. 1811–18) eingesetzt ist, der 1818 die Badische Verfassung einführte. Sie gilt mit ihren staatsbürgerlichen Rechten als fortschrittlichste Verfassung der damaligen Zeit.

Das **ehem. Markgräflich-Hochberg'sche Palais** (Karl-Friedrich-Str. 23 / Rondellplatz, 1 C2) errichtete Friedrich Weinbrenner 1803–13 im Auftrag des Markgrafen Karl-Friedrich von Baden für die Söhne seiner zweiten Ehefrau, der Reichsgräfin Luise Karoline von Hochberg. Nach Kriegszerstörungen blieb nur die Fassade erhalten, die Ruine bauten Claus Möckel und Norbert Schmidt 1960–63 wieder auf. Das zweigeschossige Eingangsgebäude passt sich mit seiner konkaven Form dem runden Rondellplatz an. Über einem rustizierten Sockel erhebt sich ein Portikus mit korinthischen Säulen, die einen Dreiecksgiebel tragen. Heute hat eine Bank in dem Bau ihren Sitz.

Industrie- und Handelskammer / Haus der Wirtschaft (I C2): Der Stahlbetonskelettbau entstand 1954–55 nach einem Entwurf des Architekturbüros Backhaus & Brosinsky. Ein graues Raster, in dessen Rechtecke jeweils zwei Fenster über eine helle Brüstung gesetzt sind, bildet eine fünfgeschossige Fassade von gekonnt gestalteter Dezenz. Den Eingang überragt ein trapezförmiges, elegantes Flugdach. Das Treppenhaus schmücken Majolika-Reliefs (1957) von Emil Sutor. 1996–99 erbauten Erich Schneider-Wessling und Claus Steffan in der Erbprinzenstraße 4–12 ein Erweiterungsgebäude mit einer Einzelhandelszone im Erdgeschoss. Der Horizontalität der verglasten Fassade mit Sonnenschutzlamellen ist die Vertikalität dreier transparenter Treppenhäuser entgegengesetzt.

Kaufhaus Galeria (I B–C2): 1912–14 errichtete Wilhelm Kreis den monumentalen Bau als Kaufhaus Knopf; im Zuge der nationalsozialistischen »Arisierung« wurde es 1938 von der Friedrich Hoelscher KG übernommen. Das fünfgeschossige neoklassizistische Gebäude ist eines der frühen, seit dem ausgehenden 19. Jh. in Deutschland entstandenen repräsentativen Warenhäuser, eines damals neuen Bautypus. Die Fassaden sind vom ersten bis zum dritten Obergeschoss mit schmalen, doppelten Fensterbahnen stark vertikal ausgerichtet und kündigen bereits eine klar-funktionalistische Moderne an. Das Erdgeschoss mit Schaufenstern wird durch Halbpfeiler, auf die Vasen gesetzt sind, gegliedert und akzentuiert zusammen mit dem reich ornamentierten fünften Geschoss (Figuren: Hermann Binz) und dessen ovalen Fenstern Horizontalität. Der zurückgesetzte Mittelrisalit vollführt mit Rundbogen und Dreiecksgiebel eine repräsentative Geste. Nach einem weitgehenden Abriss des Gebäudes und der Erstellung eines Neubaus sind nur noch die Fassaden an der Kaiserstraße und einem Teil der Lammstraße original erhalten.

Der Bau der **Baden-Württembergischen Bank** (I B2) wurde 1865 nach Plänen von Joseph Berckmüller errichtet – ein Musterhaus für die einheitliche Bebauung des **Friedrichsplatzes** mit Arkadengängen und Dreieinhalb-Geschossen. Es ist als einziges Gebäude von ursprünglich zwölf Wohnhäusern rund um den Platz erhalten.

Der Bau des **Staatlichen Museums für Naturkunde** (I B2) entstand 1865–76 nach Plänen von Karl Joseph Berckmüller, einem Schüler Friedrich Weinbrenners. Die Dreiflügelanlage im Stil der Neorenaissance wird durch einen Mittel- und zwei Eckrisalite gegliedert. Über den Eingangsarkaden erheben sich korinthische Säulen, über die wiederum 1865 vier Statuen von Carl Johann Steinhäuser gesetzt sind, die für die damaligen Sammlungsthemen des Museums standen: *Ethnographia* (Völkerkunde), *Minerva* (Wissenschaft und Kunst), *Isis* (Naturwissenschaften) und *Klio* (Geschichtsschreibung). Die ursprünglich den Mittelrisalit krönende Kuppel wurde im Krieg zerstört, fraglos ein Verlust für die Gesamterscheinung des Baus. Der Westflügel wurde 2011–16 von Kessler De Jonge Architekten architektonisch mit organisch geformten, zellenartigen Baukörpern, die Terrarien und Aquarien bergen, neu konzipiert (Museumsgestaltung: Bertron Schwarz Frey; zur Sammlung s. S. 118).

Badische Landesbibliothek (I B2): Um 1500 verfügte Markgraf Christoph I. von Baden über eine Hofbibliothek. Büchersammlungen aus wechselnden landesherrlichen Residenzen wurden 1765 im Karlsruher Schloss zusammengelegt, der Bestand wuchs bis Ende der 1780er Jahre auf 30 000 Bände. 1873 wurde die Großherzogliche Hof- und Landesbibliothek, ab 1918 Badische Landesbibliothek, in das Großherzogliche Sammlungsgebäude (das heutige Naturkundemuseum) verlegt. Ein Luftangriff 1942 vernichtete nahezu den gesamten Bestand. 1983–91 entstand nach einem Entwurf von Oswald Mathias Ungers das heutige Gebäude. Die Badische Landesbibliothek zählt zu den größten deutschen Regionalbibliotheken und verfügt über einen Bestand von 2,8 Mio. Exemplaren von Literatur und Medien. Die wissenschaftliche Universalbibliothek sammelt Bücher aller Fachgebiete und landeskundliche Literatur. Ungers' Bau besteht aus einem gelb verputzten Kern mit Kupferdach, dem geschlossenen Magazin, und einer äußeren Schale aus rotem Sandstein mit Schieferdeckung, dem offenen Magazin und der Verwaltung. Mit dem Quadrat im Drei-Meter-Raster als einem seiner charakteristischen Stilelemente hat Ungers die Bibliothek kühl-geometrisch gestaltet. Der rote Sandstein, Giebel, Portikus und Arkade schaffen deutliche Bezüge zur gegenüberliegenden Kirche St. Stephan von Friedrich Weinbrenner, ebenso die kassettierte Kuppel des Hauptlesesaals, der wie der runde Kirchenraum von St. Stephan auf das römische Pantheon anspielt. Über zwei Fensterreihen des Saals sind 20 Quadrate des Malers Günther Förg in unterschiedlichen Grautönen angebracht.

St. Stephan (1 B2) ist die katholische Hauptkirche Karlsruhes. ◆ In einem Akt der Toleranz erlaubte Markgraf Karl Wilhelm von Baden-Durlach (reg. 1709–38) Katholiken, sich in Karlsruhe niederzulassen, wo sie zunächst nur über bescheidene Gottesdiensträume verfügten. Erst 1804 wurde ihnen die Errichtung einer Kirche gestattet. Friedrich Weinbrenner entwarf das 1808–14 errichtete klassizistische Gotteshaus als Rundbau nach dem Vorbild das Pantheon in Rom. Kirchengemeinde und Großherzog setzten gegen Weinbrenners Pläne einer puristisch an der Antike orientierten Architektur einen Turm durch. Es entstand ein überkuppelter Zentralraum über dem Grundriss eines griechischen Kreuzes. Die kurzen Arme des Kreuzes, die säulengestützte Vorhalle und die gewaltige Rotunde mit ihrem Durchmesser von 30 m bilden spannungsvoll miteinander kombinierte Baukörper. Kuppel und Vorhalle des römischen Pantheons sind bei Weinbrenners Bau neben den eigenständi-

St. Stephan von Friedrich Weinbrenner

gen Bauteilen als Grundelemente erhalten. Die Kirche erfuhr diverse Veränderungen. Ab 1880 wurde der Putz außen entfernt und damit das Gebäude steinsichtig, was eine Abkehr vom Klassizismus in eine gewisse Archaik bedeutete. Im Innern brachte man eine Kassettendecke an. 1944 wurde die hölzerne Kuppel zerstört. Hans Rolli ersetzte sie beim Wiederaufbau 1951–55 durch Stahlbetonfertigteile mit einer Rippenstruktur. 2011 wurde St. Stephan gemäß der Liturgiereform des Zweiten Vatikanischen Konzils (1962–65) neu gestaltet. Das liturgische Geschehen ist auf ein Zentrum konzentriert, eine »Altarinsel« mit Altar und Ambo aus Marmor von Rolf Bodenseh. Das Sandsteinrelief der hl. Dreifaltigkeit in der Dreifaltigkeitskapelle schuf Hans Morinck 1598–99. Von Marie Ellenrieder stammt das Gemälde *Steinigung des heiligen Stephanus* (1831). Die Glasmosaik-Madonna (um 1930) und Kreuzwegstationen (1957) sind Werke von Emil Sutor. Urheber der Bronzereliefs des Hauptportals (1958–59) ist Alfred Erhart. Emil Wachter gestaltete 1963 drei Bildteppiche, die im nördlichen Kreuzarm hängen.

Stadtbibliothek und Erinnerungsstätte Ständehaus (I B2): An diesem Ort stand das erste als Parlamentsbau errichtete Gebäude in Deutschland, das Badische Ständehaus. 1820–22 von Friedrich Arnold errichtet, diente es 1822–1918 als Ort der Ständeversammlung des Großherzogtums Baden und danach bis 1933 als Landtag der Republik Baden. 1944 wurde der Bau durch einen Luftangriff schwer beschädigt und 1962 vollständig abgebrochen. 1991–93 entwarfen das Architekturbüro Planfabrik SPS und Clara Saal einen Neubau, der sich in seiner Kubatur mit einer Eckrotunde an dem historischen Gebäude orientiert. Er beherbergt die Stadtbibliothek und die Erinnerungsstätte Ständehaus (s. S. 115).

Das benachbarte neoklassizistische Erweiterungsgebäude des Ständehauses (Ritterstraße 12, I B2) wurde 1905 von Karl Henz erbaut und ist seit 1954 Sitz des **Arbeitsgerichts**.

Wohn- und Geschäftshaus Herrenstraße 26–28 (I B2): Der Vorgängerbau von 1805, der 2011 abgerissen wurde, war deutlich niedriger als das vom Büro Lederer Ragnarsdóttir Oei 2011–13 errichtete fünfstöckige Gebäude, dessen Höhe zwischen der benachbarten ehem. Reichsbank und dem anderen, dreistöckigen Nachbarbau zu vermitteln sucht. Der Neubau ist formal auffällig und kontrastiert deutlich mit der Umgebung; die ungewöhnlichen zweigeschossigen Arkaden nehmen auf die Bogenfenster des Bankgebäudes Bezug. Die weiße Fassade aus Betonfertigteilen gewinnt durch eine vertikale Faltung über vier Geschosse eine reizvolle Lebhaftigkeit. Zwischen die jeweils sieben Fenster des dritten und vierten Obergeschosses wurden sechs geschlossen wirkende Fenster mit weiß gefärbtem, aber lichtdurchlässigem Glas gesetzt. So wirken die beiden Geschosse wie eine Lochfassade, die mit der Umgebung besser harmoniert als ein durchgehendes Fensterband.

Kammertheater, ehem. Reichsbank (I B2): 1892–93 wurde der repräsentative Bau im Stil eines Stadtpalastes der italienischen Renaissance nach einem Entwurf von Max Hasak errichtet. Die Sandsteinfassade mit Rundbogenfenstern weist im dritten Geschoss einen prächtigen Fries auf, die Fenster des Erdgeschosses zieren gekuppelte toskanische Säulen. Hinter der historistischen Fassade verbirgt sich das nach Plänen von Rossmann & Partner Architekten 2004 gestaltete Kammertheater mit seiner modern-reduzierten Formgebung und prägnanten Farb- und Lichtgestaltung.

Bundesgerichtshof (I B2): Herzstück des rund 4 ha großen Areals an der Herren-, Blumen-, Ritter- und Kriegsstraße ist das ehem. **Erbgroßherzogliche Palais**. Josef Durm errichtete es 1892–97 für Erbgroßherzog Friedrich II. von Baden (reg. 1907–28) und dessen Gattin Prinzessin Hilda von Nassau (1864–1952), die das Palais bis zum Ende der Monarchie 1918 bewohnten. Zuvor hatte ein von Friedrich Weinbrenner 1817 erbautes Gartenschlösschen hier gestanden, dessen Gärtnerhaus erhalten ist und heute als »Weinbrennergebäude« zum BGH gehört. Das Palais diente nach 1918 Zwecken der öffentlichen Verwaltung und ist seit 1950 Sitz des im Bereich der Zivil- und Strafrechtspflege obersten deutschen Gerichts. Der zweieinhalbgeschossige Neorenaissancebau ist mit neobarocker Bauplastik von Fidel Binz und Adolf Heer geschmückt und wird von einer gläsernen Kuppel mit Fürstenkrone abgeschlossen. 1958–60 entstand entlang der Herrenstraße das von Erich Schelling entworfene **»Westgebäude«**, ein 72 m langer Erweiterungsbau auf Betonstützen. Das zur gleichen Zeit errichtete **»Nordgebäude«** wurde 1999–2003 durch einen U-förmigen Neubau nach einem Entwurf von Dohle + Lohse Architekten ersetzt. Dreigeschossig und travertinverkleidet, ist er an der Blumenstraße mit von Geschoss zu Geschoss versetzten Fensterreihen und einer leicht geknickten Fassade interessant gestaltet. 2012 bauten Harter + Kanzler Architekten ein neues **Empfangsgebäude** an der Herrenstraße. Auch hier bieten geknickte Fronten und wirkungsvoll gesetzte Fenster markante Architektur. Das Gelände ist nur bei Führungen öffentlich zugänglich.

Das **Weltzien'sche Haus** (I B2) wurde 1822–24 auf einem Zwickelgrundstück nach Entwürfen von Friedrich Weinbrenner oder Karl Friedrich Kuentzle errichtet. Die symmetrische Schmalseite des zweigeschossigen Gebäudes hinter einem kleinen Garten weist im ersten Obergeschoss Rundbogenfenster mit einem Mittelbalkon auf, der Dreiecksgiebel enthält ein Thermenfenster. Links und rechts der Fassade erstrecken sich die beiden siebenachsigen Seitenflügel.

Die **Karl-Apotheke** (I B2), ein eingeschossiger Flachdachpavillon im reduziert-klaren Stil des Neuen Bauens, entstand 1930 nach Plänen des Karlsruher Hochbauamtes auf dreieckigem Grundriss mit einer runden Ecke. An der Seite zur Amalienstraße war bis in die 1970er Jahre eine Tankstelle untergebracht.

Die **Waldstraße** (I B2), eine der neun südlichen Fächerstraßen, beginnt am Schlossplatz und endet bei der Sophienstraße. Hier materialisiert sich Architekturgeschichte, mit Modellhäusern vom Anfang des 18. und des 19. Jh.s, historistischen Bauten und Nachkriegsarchitektur: Zwischen der Sophienstraße und der kreuzenden Amalienstraße liegt die Südliche Waldstraße mit Modellhäusern der 1820er Jahre, ein schmaler, intimer Straßenabschnitt, den Läden und Gastronomiebetriebe säumen. Drei Pilaster heben den Eingangsbereich des 1827 errichteten Wohn- und Geschäftshauses **Nr. 87** hervor. Die **Gaststätte Krokodil** (**Nr. 63**) wurde 1914/15 nach Plänen von Artur Pfeifer und Hans Großmann erbaut; der Bau an der Ecke Wald-/Blumenstraße fällt durch zwei dreigeschossige Erker auf, die Majolika-Reliefs und die reiche Ornamentik eines späten, bereits sachlicheren Jugendstils aufweisen; über den Zwillingsfenstern des Erdgeschosses sind Majolika-Büsten der Wirtsfamilie Möloth zu sehen; den Hals des Sohnes umwindet ein Krokodil, Namensgeber des Gasthauses. Original erhalten ist das Balkongitter des Hauses **Nr. 61** (1810). Das Wohn- und Gasthaus »Zum Salmen« (**Nr. 55**) mit einem Risalit, den ein Giebeldreieck krönt, hat 1809–14 wohl Friedrich Weinbrenner entworfen. Das historistische Wohn- und Geschäftshaus **Nr. 53** aus dem Jahr 1892 mit aufwendig gestalteten Erkerfenstern stammt von Theodor Kempermann und Hugo Slevogt. Ein filigranes Balkongeländer schmückt das nur noch mit seinen beiden unteren Geschossen erhaltene Haus **Nr. 36**, das Hermann Billing und Josef Mallebrein 1900–01 erbauten. **Modellhäuser** aus den 1710er Jahren sind **Nr. 5, 7, 9** – seltene Beispiele von Bauten aus der Anfangszeit der Stadt –, ein Modellhaus aus den 1750er Jahren ist **Nr. 17**. Das Parkhaus Passagehof von 1958 ist ein Beispiel für Karlsruher Nachkriegsarchitektur (**Nr. 14–18**).

Der **Badische Kunstverein** (1 B2), 1818 gegründet, ist der drittälteste deutsche Kunstverein (zu seinen Aktivitäten s. S. 115). Sein Sitz wurde 1900 nach einem Entwurf von Friedrich Ratzel errichtet. Der neobarocke Bau aus rotem Sandstein, dessen Eingangstüren in Kupfer getrieben sind, ist durch sechs Kolossalpilaster mit prächtigen, goldverzierten Kapitellen gegliedert. Der Volutengiebel zeigt das badische Wappen. Heinrich Bauser schuf den Bauschmuck, der bereits Jugendstilelemente enthält.

Das **Schwedenpalais** (1 B2) gegenüber der Kunsthalle hat eine bewegte Geschichte. Erbaut wurde es 1777–78 von Johann Friedrich Weyhing als Wohnhaus für einen markgräflichen Hofrat. Ab 1800 war es Sitz der französischen Gesandtschaft, danach Wohnhaus eines großherzoglichen Ministers. Ab 1813 bewohnte es Friederike von Baden, Tochter des Erbprinzen Karl Ludwig von Baden und geschiedene Frau des abgesetzten Königs Gustav Adolf IV. von Schweden. Daher stammt der Name des Palais. Nach Friederikes Tod 1826 war es weiterhin ein Wohnhaus und ab 1933 Dienstsitz badischer Behörden. 1977–78 wurde es neu errichtet, nur Front und Treppenhaus blieben erhalten. Seit 1986 ist das Gebäude Sitz der Führungsakademie Baden-Württemberg. Weyhings dreigeschossiger frühklassizistischer Bau mit Freitreppe zeigt eine zurückhaltende Gestaltung mit sparsamem Girlandenschmuck. Ein Mittelrisalit, über dessen Portal ein Balkon gesetzt ist, wird durch Pilaster gegliedert und endet in einem Dreiecksgiebel mit ovalem Fenster.

Ehem. Hofapotheke (1 B2): Ab 1718 gab es im Schloss eine ◆ Apotheke für den Hof; 1833 wurde sie in die Lange Straße verlegt (heute Kaiserstraße) und später privatisiert. Ein Neubau entstand 1900–01 nach Plänen von Hermann Billing und Josef Mallebrein. Das Gebäude aus rotem Sandstein mit akzentuier-

Vielgestaltige Inszenierung: die Hofapotheke von Hermann Billing (1901)

ten weißen Fugen liegt auf einem spitzwinkligen Grundstück an der Ecke Kaiser-/Waldstraße. Die Gebäudeecke wird durch einen turmartigen Erker betont, der leicht aus der Achse in die Kaiserstraße gedreht und von einem Pavillon gekrönt ist. Zwischen dem Pavillon und einem rechtwinklig zur Kaiserstraße aufragenden Giebel liegt eine Dachterrasse. Das Haus zeigt noch Stilformen der Renaissance und des Barock, ist aber mit seinen floralen Elementen bereits ein Werk des Jugendstils. Es gelang den Architekten, Ausgewogenheit herzustellen zwischen der Monumentalität des fünfgeschossigen Baus und der lebhaft-fantasievollen Fassadengestaltung mit ihren abwechslungsreichen Fensterformen und der vielgestaltigen Bauplastik von Fridolin Dietsche. Pelikan, Kranich, Adler und Eule am Mezzanin in der Waldstraße verkörpern die Tugenden Fürsorge, Wachsamkeit, Weitblick und Weisheit. Die Konsolfigur unter dem Erker an der Kaiserstraße ist Hygieia, die griechische Göttin der Gesundheit und Schutzpatronin der Apotheker. Die sie umwindende Schlange steht für die Medizin. Im Innern der Apotheke waren bis zu deren Auszug 2024 noch die originalen Schränke, ein Leuchter und eine Wendeltreppe erhalten.

Der **Brunnen auf dem Stephanplatz** (1 B2) entstand 1903–05 kurz nach der Fertigstellung des heutigen Postgalerie-Gebäudes nach Plänen von Hermann Billing und Hermann Binz. Billings um ein rundes Wasserbecken gruppierte 14 Pfeiler, die einen Architrav tragen, erinnern an Stonehenge. Auf einem Sockel inmitten des Wassers steht eine von Binz gestaltete nackte Quellnymphe mit zwei Krügen. Die auf den Innenseiten mit Jugendstilornamenten versehenen Pfeiler sind als Hermen gestaltet, deren Köpfe karikaturistisch bekannte Karlsruher Persönlichkeiten darstellen, neben den Schöpfern des Brunnens etwa den Oberbürgermeister Karl Schnetzler (1846–1906) oder den Maler Wilhelm Trübner (1851–1917). Billings Entwurf war seinerzeit Gegenstand einer heftigen öffentlichen Kontroverse. Die Präsentation einer unbekleideten Nymphe galt manchen als schamlos, eine Auffassung, die andere Kreise wiederum als spießig empfanden. Der Stadtrat blieb bei seiner Entscheidung für den Brunnen, denn er verletze nicht das »Anstandsgefühl [...], wenn man ihn mit anständiger Gesinnung« anschaue. Billings karikaturistische Köpfe erscheinen wie eine sarkastische Reaktion auf die innerstädtische Moraldebatte.

Postgalerie (I B2): Die neobarocke Dreiflügelanlage wurde 1897–1900 nach einem Entwurf von Wilhelm Walter als Reichs-Post-Telegraphengebäude errichtet; 1918 entstand am Stephanplatz ein weiterer, neoklassizistischer Flügel. Später Reichspost, ab 1918 Hauptpost, wurde das Ensemble 1999–2001 von Chapman Taylor Brune Architekten zu einem Einkaufszentrum umgebaut. Ein Foyer mit einem gläsernen Tonnengewölbe empfängt den Besucher; daran schließt sich das 22 m hohe »Forum« mit einer Glaskuppel in der Form eines zugespitzten Ovals an.

U-Bahn-Station Europaplatz (I B2): Nur knapp 4 km lang ist die Karlsruher U-Bahn, die von Westen nach Osten vom Europaplatz bis zum Durlacher Tor unter der Kaiserstraße verläuft und vom Marktplatz in Richtung Süden bis zum Kongresszentrum. Die sieben Stationen wurden 2010–21 von Allmann Sattler Wappner Architekten gebaut und sind alle gleichartig gestaltet. Sie wirken keineswegs tunnelartig, sondern weit, luftig und sehr hell. Diese Ausstrahlung gelingt durch ein einheitliches Weiß des Bodens und der unteren Wandteile aus Betonwerksteinen sowie der oberen Wandsegmente und der Decke, die jeweils Trockenbaukonstruktionen sind. Die Überleitungen der Wände zu Böden und Decken sind abgerundet, wodurch die Härte der Rechtwinkligkeit vermieden wird. Der Lichtdesigner Ingo Maurer gestaltete die Beleuchtung mit 150 cm langen LED-Zylinderleuchten, die parallel zu den Bahngeleisen auf quer über das Gleisbett gespannten Metallseilen angebracht sind. Zusammen mit den Oberleitungen zeigt sich ein filigranes Gespinst dunkler Linien in der Weite des hellen Stationsraumes. In den Stationen ist der Zyklus *Genesis* von Markus Lüpertz zu sehen. Die biblische Schöpfungsgeschichte ist hier in 14 jeweils 8 m² großen Keramikreliefs bildnerisch gestaltet. Am Europaplatz zum Beispiel sind die Teile *Die Lehmhalde des Töpfers* und *Die Wasser des Überflusses* zu finden.

Das **Haus Kaiserstraße 144** (I B2) wurde 1899–1901 von Hermann Walder und Friedrich Wilhelm Rauschenberg errichtet. Hier befand sich die Gaststätte »Zum Moninger«, einst Hauptausschank der Brauerei Moninger. Turmhelm und Giebel des fünfgeschossigen neogotischen Baus wurden im Zweiten Weltkrieg zerstört. Erdgeschoss und erstes Geschoss waren mit ihren hohen Fenstern für den Verkauf konzipiert. Balkone und Erker zeigen Jugendstilelemente, die Bauplastik von Fridolin Dietsche präsentiert Figuren aus der *Edda* und dem *Nibelungenlied.*

Ehem. Bankhaus Veit Löw Homburger (I B2): Die Bank wurde 1854 von Veit Löw Homburger (1810–1878), der aus einer der ältesten jüdischen Familien Karlsruhes stammte, gegründet, die Gebäude wurden 1899–1901 von Robert Curjel und Karl Moser neu errichtet. 1939 wurde die Bank von den Nationalsozialisten liquidiert und »arisiert«. Die letzten Eigentümer, Paul und Viktor Homburger, konnten in die USA emigrieren. Interessant ist bei dem Bau die stilistische Mixtur. Die viergeschossigen Flügel werden markant durch eine Eckrotunde mit Turmhelm zusammengeführt. Neoromanische Stilelemente zeigen sich mit den Rundbogenfenstern des dritten Obergeschosses und den Fenstern des vierten Geschosses der Rotunde, die der Zwerggalerie einer romanischen Kirche ähneln. Die Fassaden mit ihren großen Fenstern und der klaren

Gliederung durch Kolossalpfeiler lassen bereits die Moderne des 20. Jh.s anklingen. In den Dreiecksgiebeln der vier Risalite, über den Rundbogenfenstern und den Eingängen sind vegetabile Jugendstilornamente von Oskar Kiefer zu sehen.

Prinz-Max-Palais (I B2): Bauherr des für eine Privatvilla pompösen Gebäudes war der Unternehmer August Schmieder (1824–1897). Josef Durm gestaltete den Bau 1881–84 in Stilformen der Neorenaissance und des Neobarock. Über einem Sockel aus Bossenmauerwerk erhebt sich das Erdgeschoss mit Rundbogenfenstern, die Mittelrisalite der Karl- und Akademiestraße verknüpfen Beletage und Mezzanin durch Kolossalsäulen. 1900–18 bewohnte der letzte Reichskanzler des Deutschen Kaiserreichs, Prinz Max von Baden (1867–1929), die Villa. 1951–69 war in ihr das Bundesverfassungsgericht untergebracht. Heute befinden sich im Palais das Stadtmuseum und das Museum für Literatur am Oberrhein (s. S. 120 und 116), die Literarische Gesellschaft / Scheffelbund und die Jugendbibliothek.

Die **Stephanienstraße** (I A–B1/2) ist eine der Straßenachsen des Karlsruher Fächers und führt von der Orangerie an der Hans-Thoma-Straße bis zur Reinhold-Frank-Straße. Im 19. Jh. wohnten in dem schlossnahen noblen klassizistischen Straßenzug Adlige, höhere Hofbeamte und Offiziere. Die traufständigen Häuser geben ihm noch das Erscheinungsbild der Zeit Friedrich Weinbrenners. Einige der an Weinbrenners »Modellhäusern« orientierten Bauten wurden nach dem Krieg rekonstruiert und aufgestockt. Das **Palais Munck** (**Nr. 14**) mit seinem giebelgekrönten Mittelrisalit und ionischen Pilastern im ersten Geschoss erbaute der Weinbrenner-Schüler Friedrich Arnold 1827. In der 1825 von dem Maurermeister Merbel errichteten **Nr. 16** wohnte bis zu seinem Tod der Dichter Joseph Victor von Scheffel (1826–1886). Als eindrucksvoller brutalistischer Bau steht **Nr. 74**, ein 1966–67 von Reinhard Gieselmann errichtetes Wohnheim für Behinderte, unter

Denkmalschutz; durch direkt nebeneinandergesetzte Fenster mit unterschiedlicher Höhe und vorspringende Fassadenelemente bietet die Straßenseite des Gebäudes eine lebhaft-markante Gestaltung; im Innern ist ein Sichtbetontreppenhaus mit einem turmartigen Aufzug sehenswert.

Münze (I B1): Seit 1732 gab es eine staatliche Münzprägestätte in einem Nebengebäude des Schlosses, bis 1826–27 der klassizistische Neubau entstand, nach Plänen von Friedrich Arnold und Friedrich Weinbrenner und ausgeführt von Friedrich Theodor Fischer. Er ist das einzige fast original erhaltene Großgebäude Weinbrenners. Der Hauptbau ist durch einen dreigeschossigen Risalit zentriert, den zweigeschossige Flügel flankieren. Über dem Tor ist das badische Wappen angebracht, im durchbrochenen Giebel über einem Balkon die Initiale des Großherzogs Ludwig I. Die Karlsruher Münze ist die einzige deutsche Münzprägeeinrichtung, die noch in ihrem ursprünglichen Gebäude untergebracht ist. 1998 wurden die Münzstätten Karlsruhes und Stuttgarts zu den Staatlichen Münzen Baden-Württemberg vereinigt, die rund 40 % der deutschen Münzprägungen herstellen. Wer das Gebäude durch den Haupteingang betritt, kann in den stillen Innenhof schauen.

Die **Villenkolonie Baischstraße** (I A2) entstand 1900–05 nach Plänen von Hermann Billing als ein Gesamtkunstwerk des Jugendstils, das Billing auch überregional große Anerkennung einbrachte. Den Auftakt bildet ein Torbau am Kaiserplatz (Stephanienstr. 94 und 96), ein fünfgeschossiges Doppelmietshaus, dessen Hälften durch eine konkave Loggia über einem Torbogen miteinander verbunden sind. Die Fassade ist mit tief in Nischen liegenden Fenstern, Lisenen und Schmuckornamenten sehr plastisch gestaltet. Die beiden Giebel sind durch Kriegseinwirkung verloren und wurden erst 1990–91 von Jörg Pfisterer vereinfacht erneuert. Hinter dem Gebäude entstand auf einem ehem. Holzlagerplatz eine Privatstraße nach Pariser

Idylle inmitten der Großstadt: die Villenkolonie Baischstraße (hier die Nr. 5)

Art mit einem Ensemble von sechs versetzt angeordneten Einfamilienhäusern. Billing schwebten »hübsche behagliche Wohnungen für die ersten Familien der Stadt [...] in modernem Styl« vor, so heißt es in der Bauakte von 1900. Höchst vielfältig waren die kleinen Villen gestaltet, mit verschiedenen Materialien und einem geradezu kühnen Spektrum diverser Farben. Das Haus Baischstraße 3 mit seinem hohen Sockel aus Bossenmauerwerk hat die Ausstrahlung einer kleinen Burg, die Nr. 5 den Charakter eines Landhauses. Durch Kriegsschäden und unsensible Veränderungen hat das ländliche Ensemble inmitten des Stadtzentrums Verluste erlitten. Die ursprüngliche Farbigkeit der Häuser 3 und 5 ist mittlerweile wiederhergestellt worden.

Mensa Moltke (I B1): Der 2004–07 errichtete zweigeschossige Bau des Architekturbüros J. Mayer H. hat einen trapezförmigen Grundriss. Das Flachdach ruht auf kraftvollen, unregelmäßig diagonalen Stützen, unterschiedlich große Fenster mit runden Ecken geben dem äußerst markanten Gebäude eine futuristische Anmutung. Das Stützwerk, das im Innern weitergeführt wird und dort eine große Dynamik entfaltet, besteht aus mit Polyurethan beschichtetem Holz.

Dramatische Architekturinszenierung: die Mensa der Universität

Die östliche Innenstadt

Die Universität und ihre Umgebung

Der **Fasanengarten** (I D1) grenzt östlich an den Ahaweg und im Süden an das Universitätsareal. Das 1764–65 von Friedrich von Kesslau dort erbaute **Fasanenschlösschen** (I D1) mit seinen zarten Dachschwüngen, aufgemalten Palmen und rötlichem Anstrich zeigt eine »chinesische« Formgebung, ebenso wie Kesslaus zwei Pavillons gegenüber. Das Schlösschen beherbergt heute das Forstliche Bildungszentrum Karlsruhe (Richard-Willstätter-Allee 2).

Materialwissenschaftliches Zentrum des KIT (I D1): Das 2016 von Valentyn Architekten entworfene L-förmige Gebäude besteht aus zwei Flügeln aus rechteckigen Betonsockeln, auf die jeweils zwei Baukörper mit organoidem Grundriss gesetzt wurden. Deren Fassaden gewinnen ihren Reiz durch horizontale Lamellen, deren feine Struktur mit den roten Gebäudekanten kontrastiert.

Das **ehem. Versuchskraftwerk der Technischen Hochschule**, heute Labor- und Bürogebäude des **KIT-Instituts für Thermische Strömungsmaschinen** (I D1/2), wurde 1951–56 nach Plänen von Egon Eiermann, einem der bedeutendsten Vertreter der deutschen Nachkriegsarchitektur, errichtet und war seinerzeit ein wegweisendes Gebäude des Funktionalismus. Der für seine Epoche stilprägende dreigeschossige Stahlskelettbau mit großen Glasflächen und seinen 13 Achsen (fünf davon wurden erst 1970–94 hinzugefügt) zeigt Eiermanns Prinzip der Addition von Bauteilen. Die Farbgebung wirkt subtil: blaue Doppel-T-Träger und diagonale Windverbände, weiße Stahlfenster, schwarze Wandfelder und gelbe Türen. Zu dem Gebäude gehört ein Kühlturm. Ein Treppenhaus in Sichtbeton kontrastiert mit der langgezogenen Halle.

KIT-Bibliothek Süd (1 D2): Der Bücherturm, 1960–66 nach Plänen von Peter und Otto Haupt errichtet, hat eine Rasterfassade und zwölf teilweise geschlossene, teilweise durchfensterte Geschosse. Markante Fassadenpfosten akzentuieren seine Vertikalität. Die unteren vier Geschosse bergen den Lesebereich, die oberen acht das Büchermagazin. 2017 gestaltete das Architekturbüro Gaiser + Partner den Lesebereich modernisierend um. Nach einem Entwurf von Heinz Mohl wurde 2003–06 ein Erweiterungsbau errichtet.

Hochschulstadion, auch **Altes Stadion** genannt (1 D2): An dem 1927–34 nach Plänen von Hermann Reinhard Alker errichteten Tribünenbau des Hochschulstadions war damals innovativ, dass die von Bindern getragene, 11 m frei über die Sitzplätze auskragende Stahlbetondecke ohne Stützen auskommt. Auf der gegenüberliegenden Eingangsseite heben sich die hellen Tragelemente vom roten Ziegelmauerwerk ab. Unter der Tribüne liegt eine Turnhalle. Das Dach tragende Bögen, die nach oben spitz zulaufen, verleihen dem Raum eine kirchenähnliche Ausstrahlung. Die Sportstätten gab man nach dem Krieg auf. Heute nutzt der Arbeitskreis Kultur und Kommunikation der Universität das Gebäude für Veranstaltungen.

KIT-Präsidium (1 D2): Die Alte Chemische Technik, 1881 nach einem Entwurf von Heinrich Lang erbaut, wurde 2009–14 von archis Architekten + Ingenieure saniert und erweitert. Durch Überdachung des Innenhofs entstand ein Atrium. Die rote Sandsteinfassade des dreigeschossigen Altbaus kontrastiert mit dem grau gespachtelten Wärmeverbundsystem des ebenfalls drei Geschosse hohen Erweiterungsgebäudes, dessen Eingangsbereich voll verglast ist, während erste und zweite Etage mit schmalen, hohen Fenstern unterschiedlicher Breite geöffnet sind.

Das **Seilerhäuschen** (I D2) zählt zu den ältesten Häusern der Stadt. 1723 erbaut, war es eines der im 18. Jh. errichteten 280 Modellhäuser, deren Errichtung Markgraf Karl-Wilhelm von Baden-Durlach initiierte, um neue Bürger nach Karlsruhe zu locken. 1739 übernahm ein Seilermeister das Haus. Die Fachwerkkonstruktion des zweigeschossigen Baus ist mit Lehm ausgefacht. Ursprünglich saß direkt auf dem Erdgeschoss ein Mansarddach. 1752 aber verlangte ein Dekret Markgraf Karl Friedrichs von Baden zweigeschossige Gebäude mit einem einfachen Satteldach, und so setzte man beim Seilerhäuschen eine Blendwand vor die Mansarden und fachte die Lücken zwischen den Mansarden aus. 1999–2002 sanierte Georg Matzka das Seilerhäuschen, das bürgerliches Wohnen der ersten Jahrzehnte der Karlsruher Geschichte dokumentiert.

Das **Universitätshauptgebäude** (ehem. Polytechnikum; Kaiserstr. 12, I D2) wurde 1832–36 nach einem Entwurf von Heinrich Hübsch errichtet. Der dreigeschossige Bau aus rotem Sandstein zeigt Anklänge an Renaissancepaläste mit dem für Hübsch charakteristischen »Rundbogenstil« und strahlt Klarheit, fast eine gewisse Strenge aus. Die Bögen der teilweise gekuppelten Fenster mit ihren Verzierungen und ihrem Wechsel von rotem und hellem Sandstein bieten ein schmückendes Element. 1861–63 erweiterte Friedrich Theodor Fischer das Gebäude um ein Duplikat des Hübsch-Baus. Die beiden Teile verband er durch einen Mittelrisalit, der durch Kolossalpilaster gegliedert wird. Vor dem dreiachsigen Portal sind Statuen von Alois Raufer aus der Zeit der Erweiterung angebracht, die den Baumeister Erwin von Steinbach (um 1244–1318) und den Astronomen Johannes Kepler (1571–1630) darstellen.

Haus Kaiserstraße 3 (I D2, ehem. Gasthof zum Grünen Baum): Vier Schweifgiebel erheben sich über dem Wohn- und Geschäftsgebäude, das 1907–08 nach einem Entwurf der Architekten Wellbrock und Schäfers entstand. Ungewöhnlich ist die markante Ecklösung, die man für das spitzwinklige Grundstück fand: Vor den monumentalen fünfgeschossigen Bau setzte man gleichsam ein kleines weiteres Haus mit nur drei Geschossen und runden Ecken, dessen balkonartig geöffnetes oberstes Stockwerk von einem pfeilergestützten Flachdach überspannt wird.

Ehem. Zeughaus (I D2): Das Ensemble wurde 1777–79 von Wilhelm Jeremias Müller im Louis-seize-Stil als markgräfliches Jagdzeughaus mit dreiachsigem Mittelrisalit erbaut. Die straßenseitigen Pavillons der beiden Nebenflügel waren für den »Rüdenmeister«, der für die markgräflichen Hunde verantwortlich war, und den Hofgärtner vorgesehen: zweigeschossige Walmdachhäuser, ebenfalls mit dreiachsigem Mittelrisalit und einer Gliederung durch Lisenen. Der eingeschossige Haupttrakt mit Mezzanin wurde 1804–06 im Stil des Klassizismus zu einem Militärzeughaus umgestaltet, dabei um ein Geschoss aufgestockt und mit Kolossalpilastern versehen. 1823 setzte man dem Bau einen Dachreiter auf, der als Uhrturm fungierte. Während der Revolution 1848/49 verteidigte die Bürgerwehr das Gebäude gegen aufständische Soldaten. Heute gehört es zur Universität, und in drei Nebengebäuden ist das **Südwestdeutsche Institut für Architektur und Ingenieurbau (SAAI)** untergebracht.

Von der Kleinen Kirche zur Heinrich-Hübsch-Schule

Kleine Kirche (I C2): 1722 wurde in Karlsruhe eine reformierte Kirche geweiht, baulicher Ausdruck der Toleranz des Markgrafen Karl-Wilhelm von Baden-Durlach (reg. 1709–38) gegenüber unterschiedlichen Konfessionen – als Ersatz für dieses Gotteshaus, das unterdessen baufällig geworden war, errichtete Wilhelm Jeremias Müller 1773–76 die Kleine Kirche. Sie ist die älteste erhaltene Kirche Karlsruhes. Gestaltet ist sie im Louis-seize- oder »Zopfstil«, der etwa mit Pilastern statt Säulen, mit an geometrischen Grundformen orientierten Räumen und flachen Decken den Übergang vom Rokoko zum Klassizismus bildet. Auf dem Helm des Fassadenturms sitzt ein Fürstenhut. Die Fassade mit einem Mittelrisalit wird von toskanischen Kolossalpilastern gegliedert, das Eingangsportal überragt ein Segmentgiebel, dessen Bogenform sich im Kircheninnern über der Kanzel-Altar-Nische wiederfindet. Das oberste Turmgeschoss rahmen ionische Pilaster. Der helle Saal des Langhauses ist mit hochrechteckigen Fenstern und korinthischen Pilastern ausgestattet, die Wände leiten mit Kehlen zur rechteckigen Spiegeldecke über. Altar, Kanzel und Orgel sind übereinandergesetzt – eine spezifisch protestantische Anordnung.

Die Via Triumphalis und das Ettlinger Tor

Friedrich Weinbrenner, ab 1801 als Baudirektor für das gesamte staatliche Bauwesen Badens verantwortlich, legte bereits 1797 einen Plan für die Gestaltung des Karlsruher Stadtzentrums vor. Er entwickelte eine Nord-Süd-Achse vom Schloss bis zum Ettlinger-Tor-Platz, später »Via Triumphalis« genannt. Das Ettlinger Tor, 1803 von Weinbrenner erbaut, wurde 1872 abgebrochen, heute ist »Ettlinger Tor« der Name eines dortigen Einkaufszentrums. Weinbrenner plante jene Achse als Abfolge von Plätzen und repräsentativen klassizistischen Bauten, die zum größten Teil nach seinen Entwürfen errichtet wurden.

♦ Der **Marktplatz** (I C2) war Teil der von Friedrich Weinbrenner Anfang des 19. Jh.s geplanten Nord-Süd-Achse vom Schloss bis zum Ettlinger-Tor-Platz. Er war als Ergänzung und Gegen-

Marktplatz mit: Pyramide, links Evangelische Stadtkirche und ehem. Großherzogliches Bezirksamt, rechts Rathaus

pol der feudalen Schlossanlage ein Ausdruck bürgerlichen Selbstbewusstseins. Als Großbauten entstanden am Marktplatz 1805–25 auf der einen Seite das Rathaus (s. S. 64 f.) und 1807–16 auf der gegenüberliegenden Seite die Evangelische Stadtkirche (s. S. 64). Die beiden aufeinander bezogenen Gebäudekomplexe, Sakral- und Profanbau, bilden eine eindrucksvolle Platzanlage des Klassizismus. Das **Großherzog-Ludwig-Denkmal**, zugleich Marktbrunnen, entwarf Weinbrenner 1822 (Ausführung Alois Raufer 1832–33), die **Pyramide** 1823–25 – unter ihr liegt die Gruft des Markgrafen Karl Wilhelm (reg. 1709–38). Die 1944 stark zerstörten Bauten des Platzes wurden nach dem Krieg gemäß dem historischen Zustand rekonstruiert, an der Kaiserstraße entstanden Neubauten. Das Bankgebäude von Erich Schelling (Kaiserstr. 74) aus dem Jahr 1953 wurde 2010–11 durch einen viergeschossigen Bau mit Erdgeschossarkaden nach einem Entwurf des Büros Lederer Ragnarsdóttir Oei ersetzt, das **Kaiser-Karree**.

Evangelische Stadtkirche (I C2): Der imposante Bau mit seinen beiden Nachbargebäuden und dem in den Hintergrund gerückten Turm entstand 1807–16 nach einem Entwurf von Friedrich Weinbrenner und ist einer seiner bedeutendsten Bauten. Die Kirche und Weinbrenners Rathaus gegenüber weisen beide eine dreiteilige, symmetrische Front auf. Weinbrenner orientierte sich bei der Konzeption der Kirche an dem Bautypus eines römischen Tempels: Er schuf einen Portikus mit sechs korinthischen Säulen, Gebälk und Giebel, dazu die Vorhalle mit zwei ionischen Säulen, dorischen Wandpilastern und einem Thermenfenster. Der quadratische Ostturm trägt einen Pyramidenhelm, dessen Spitze ein Engel mit Friedenspalme krönt. 1944 wurde der Bau durch Bomben bis auf die Außenwände zerstört. Beim Wiederaufbau 1951–58 rekonstruierte man den Außenbau, während Horst Linde das Innere völlig neugestaltete. Statt der korinthischen Säulen Weinbrenners setzte er schlankere Betonsäulen in den dreischiffigen Raum und verkürzte die Emporen. Anstelle der ursprünglichen flachen Kassettendecke erhielt das Kirchenschiff eine gewölbte Betonschalendecke. Zwei Turmfenster schuf Georg Meistermann, Otto Herbert Hajek gestaltete Altarkreuz und Taufbecken. Friedrich Weinbrenners Grab (er starb 1826) liegt unter der Vorhalle in einer Krypta. In den beiden ebenfalls von Weinbrenner 1803–07 und 1823–34 erbauten und mit der Kirche durch Arkaden verbundenen dreigeschossigen Seitenflügeln war das »Gymnasium illustre« (ab 1806 »Lyceum«) untergebracht, heute das **Bismarck-Gymnasium** (Bismarckstr. 8). 1808–12 wohnte der Dichter Johann Peter Hebel als Direktor des Lyceums im rechten Flügel, dem heutigen **Sozialgericht Karlsruhe**. Der linke Flügel trägt heute die Bezeichnung **»Weinbrennerhaus«**.

Rathaus (I C2): Das erste Karlsruher Rathaus, wie das heutige am Marktplatz gelegen, bestand 1728–1811; 1805–25 wurde der Neubau nach Plänen von Friedrich Weinbrenner errichtet. Der monumentale, breit gelagerte Komplex mit drei Innenhöfen bildet ein Pendant zur Stadtkirche gegenüber. Die Marktplatzfassade wird durch einen Mittelrisalit zentriert, den eine Loggia mit zwei ionischen Kolossalsäulen akzentuiert. Sie stellen den Bezug zur Säulenfront der Stadtkirche her. Der Mittelrisalit sowie zwei Eckrisalite sind durch Dreiecksgiebel und eine Pilastergliederung formal verknüpft. Der annähernd quadratische Sandsteinturm mit Flachdach und Zinnen wurde bis 1891 als Gefängnis genutzt. Die Figur eines Merkurs schmückt die Turmspitze. Das Rathaus wurde durch einen Luftangriff 1944 weitgehend zerstört. Otto Haupt verantwortete den Wiederaufbau 1948–55, bei dem nur die Marktplatzfront rekonstruiert, der Innenbereich dagegen völlig neu gestaltet wurde. 2013 erhielt das Gebäude seinen in der Fachwelt vieldiskutierten rostroten Anstrich; die Originalfarbe der Bauzeit ist heute nicht mehr feststellbar.

Ehem. Großherzogliches Bezirksamt, heute Polizeirevier (Karl-Friedrich-Str. 15, I C2): Der 1896–99 von Josef Durm errichtete dreigeschossige Neorenaissance-Eckbau erhält Prägnanz durch eine überkuppelte Rotunde, deren Erdgeschoss sich mit vier Paaren toskanischer Granitsäulen repräsentativ öffnet. Kolossalpilaster gliedern die Rotunde, ihr zweites Geschoss wird durch Balkone akzentuiert.

Rechenzentrum der Landeskreditbank Baden-Württemberg (Kreuzstr. 16, 18, 20, I C2): Heinz Mohl gelang bei dem 1989–92 errichteten, mit Betonsteinen verkleideten Zweckbau an der Ecke Kreuz-/Markgrafenstraße eine abwechslungsreiche Fassadengestaltung. Der turmartige Eckbau hat in den beiden unteren Geschossen und im obersten Geschoss einen verglasten Zylinder. Die Fenster von Erdgeschoss und erstem Stockwerk werden durch eine arkadenartige Pfeilerreihe unterbrochen, drittes und viertes Geschoss schaffen mit ihren gereihten Fenstern eine horizontale Beruhigung. Mehrere Zwerchhäuser gliedern das Gebäude.

Wohn- und Geschäftshäuser aus der Zeit Weinbrenners (Markgrafenstr. 32–40, I C2): Die dreigeschossigen, klassizistischen Bauten wurden wohl 1817 gemäß der Weinbrenner'schen Konzeption von »Modellhäusern« (s. S. 48 f.) von einem Malermeister Zeunert ausgeführt. Sie bilden eine Einheit; das mittlere Haus ist als Risalit gestaltet, den ein Dreiecksgiebel mit Thermenfenster krönt.

Das **Stadtarchiv** (I C2), 1885 gegründet, ist seit 1990 in diesem Gebäude untergebracht, das 1905–06 von Wilhelm Strieder als Städtische Pfandleihe errichtet wurde. Es besteht aus zwei rechtwinklig zueinander angeordneten Teilen. Der Südflügel im Neorenaissancestil kontrastiert mit dem sechsachsigen Westflügel, dessen strenge Fassade mit ihren kleinteiligen Sprossenfenstern eine fabrikhafte Ausstrahlung hat. Obwohl die Fassade dreigeschossig wirkt, birgt der Bau sechs Geschosse, denn die Fenster zweier Geschosse sind jeweils vertikal miteinander verbunden. Das Gebäude ist mit gelbem Klinker verkleidet und durch rote Sandsteinbänder gegliedert. 2012–13 wurde das Archiv nach einem Entwurf von Peter Eisemann durch ein mit Titanzink eingedecktes Tonnendach um zwei Geschosse erhöht, die sich deutlich von dem Bestandsbau abheben, aber zugleich die Sachlichkeit seiner Fassade fortführen.

Mit dem Beginn der Arbeiten für das Schloss entstand 1715 auch Klein-Karlsruhe, das **»Dörfle«**, eine Siedlung für Arbeiter, deren Bezirk zwischen Adlerstraße, Kaiserstraße, Durlacher Tor, Kapellenstraße und Mendelssohnplatz heute als Karlsruher **Altstadt** gilt (I C–D2). Seit den 1960er Jahren wurden im Rahmen einer großen Flächensanierung rund zwei Drittel der Häuser abgerissen, in den 1970er Jahren ging man von der Flächen- zur Objektsanierung über. Fasanen- und Zähringerstraße mit dem Fasanenplatz und die Straße Am Künstlerhaus vermitteln mit ihrem historischen Baubestand noch einen Eindruck der ursprünglichen Altstadt. In der Waldhornstraße 43–

51 wurden in den 1980er und 1990er Jahren postmoderne Häuser von Karlsruher Architekten und Mitgliedern des Deutschen Werkbundes gebaut.

Die **Heinrich-Hübsch-Schule** (1 C2), benannt nach dem bedeutenden Karlsruher Architekten (1795–1863), ist eine berufliche Schule für Bautechnik und wurde 1982–85 nach Plänen von Heinz Mohl errichtet. Die Verklinkerung des fünfgeschossigen Gebäudekomplexes schafft einen Bezug zu den Ziegelbauten Heinrich Hübschs. Der Kopfbau an der Fritz-Erler-Straße ist von einem konvexen, verglasten Bauteil geprägt, der Sporthalle. Darüber ist eine gerasterte Betonkonstruktion als Attika angebracht. Die Fassaden links und rechts des Kopfbaus zeigen mit Treppentürmen, Säulen und asymmetrischer Gestaltung eine postmoderne Formgebung. Durch Verglasung sichtbare Innentreppen laufen diagonal durch die Gebäude und verleihen den Fassaden eine dynamische Ausstrahlung.

Ein kraftvoller Bau der Postmoderne: die Heinrich-Hübsch-Schule

Die übrigen inneren Stadtteile

Die Oststadt

Die **Großherzogliche Grabkapelle** (Klosterweg 11, s. Übersichtskarte), eine der Grablegen des badischen Fürstenhauses, hat mit Langhaus, Vierung, Querarmen, Chor und seinem aus der Ferne sichtbaren Turm die Ausmaße einer Kirche, wurde aber nie als solche genutzt. Der neugotische Bau aus rotem Sandstein entstand 1889–96 nach Plänen von Friedrich und Hermann Hemberger aus Anlass des frühen Todes von Ludwig Wilhelm (1865–1888), dem Sohn des Großherzogs Friedrich I. (1826–1907) und seiner Gattin Luise von Preußen (1838–1923). In der Oberkirche stehen von Hermann Volz gestaltete Kenotaphe (leere Grabdenkmäler) mit Sohn und Eltern als Liegefiguren aus Carrara-Marmor. In der Krypta ruhen die Verstorbenen und 14 weitere Mitglieder des großherzoglichen Hauses in samtbezogenen Särgen.

Der **Hauptfriedhof** (1 E1), 1974–76 von Josef Durm angelegt, war seinerzeit mit seinen unregelmäßigen Wegen im Stil eines englischen Landschaftsparks die erste so gestaltete Begräbnisstätte in Süddeutschland. Durm entwarf auch die Hochbautenanlage im Stil der Neorenaissance als italienischen Camposanto mit einer Gruftenhalle, deren Arkadengang mit toskanischen Säulen einen rechteckigen Hof säumt. Bedeutende Karlsruher Persönlichkeiten haben hier ihre Ruhestätte gefunden. In den Innenhof gelangt man durch einen dreiachsigen Triumphbogen, dessen Gegenüber die **Kapelle** bildet, ein schmaler Bau mit Radfenster und auf die Fassadenecken gesetzten Engelskulpturen. Das neoromanische frühere Krematorium (1903–04) von August Stürzenacker weist statt eines Turms einen Schornstein auf und wird heute als **Kleine Ka-**

pelle für Trauerfeiern genutzt. Auf dem Hauptfriedhof bestattet wurden etwa der Architekt Hermann Billing (1867–1946), Karl Drais (1785–1851), der Erfinder des Laufrades »Draisine«, Josef Durm (1878–1918), der Architekt des Hauptfriedhofs, die Maler Hans Thoma (1839–1924) und Wilhelm Trübner (1851–1917) sowie der Dichter Joseph Victor von Scheffel (1826–1886).

Auf dem **jüdischen Friedhof** (Haid-und-Neu-Str. 41–45, s. Übersichtskarte) erinnert ein Gedenkstein an die 986 in nationalsozialistischen Lagern ermordeten Karlsruher Jüdinnen und Juden.

Die **Brauerei Hoepfner** (1 E1) entstand 1896–98 nach Plänen von Johann Hantschel und Bernhard Koßmann als Burg; die Architekten ließen sich stilistisch von Schloss Neuschwanstein inspirieren. Mit den zwei- und dreiflügeligen Fenstern, dem Treppengiebel und dem 53 m hohen »Bergfried« – Wahrzeichen der Brauerei – kann der Komplex als neogotisch gelten. Die fünfgeschossige Mälzerei bekrönen Zinnen mit theatralisch anmutenden Türmchen. Die **Gaststätte Burghof**, 1899 von Robert Curjel und Karl Moser erbaut, bietet im Innern zeitgenössische Wand- und Deckengemälde von Hellmut und Otto Eichrodt sowie Franz Hein. Curjel und Moser erbauten 1904–05 auch nicht weit entfernt die **Villa Hoepfner** (1 E2) des Brauereieigentümers, einen pompösen Jugendstilbau.

Wohnhaus Haid-und-Neu-Straße 8 (1 E1): Das eindrucksvolle viergeschossige Jugendstilgebäude, 1904–06 von Franz Wolff erbaut, zeigt eine gekonnt zwischen Putzflächen und Werksteinelementen ausgewogene Fassade. Der dreiachsige Mittelrisalit ist aufwendig gegliedert. Über den vorspringenden Werksteinarkaden des Erdgeschosses ist die Balustrade des ersten Obergeschosses wellenförmig gestaltet, und dessen Pilaster sind mit Diamantquadern besetzt. Fein ziselierte Gitter zieren die Balkone. Elegant wirken die Halbsäulen des dritten Obergeschosses. Den ungewöhnlichen, ebenfalls durch Wellen plastischen Schweifgiebel öffnen sechs ovale Fenster; darüber liegt ein Relief mit charakteristischer Jugendstilornamentik.

St. Bernhard (I D2) wurde als zweite katholische Hauptkirche der mehrheitlich protestantischen Stadt 1893–1901 nach Plänen von Max Meckel errichtet – der Anteil der katholischen Bürger war bis 1890 auf 43,5 % angewachsen. Der neogotische Bau aus rotem Sandstein, ein dreischiffiger Dreikonchenbau mit 93 m hohem Turm, steht als Point de vue am Ende der vom Mühlburger Tor kommenden Kaiserstraße. Er ist kreuzförmig angelegt; die Arme des Querhauses enden wie der Chor in Form von Apsiden. Die Skulptur des Markgrafen Bernhard II. von Baden (1428/29–1458) im westlichen dritten Obergeschoss stammt von Fridolin Dietsche. Die Innenausstattung entwarf weitgehend Max Meckel; mehrere Altäre (Franziskus-, Marien-, Herz-Jesu-, Bernhard- und Josef-Altar) führte 1905–36 Joseph Dettinger aus. Eva Lehr gestaltete 1991 die Innenausmalung.

♦ Die **Lutherkirche** (I E2), 1905–07 nach Entwürfen von Robert Curjel und Karl Moser erbaut, zeigt mit den Bossenquadern in der Fassade, Würfelkapitellen und Rundbögen deutliche romanische Stilelemente. Im Innern allerdings findet sich – etwa an den Brüstungen der Emporen sowie an den Bogenlaibungen und Kapitellen – eine Ornamentik des geometrischen Jugendstils. Die reduzierte Wandgestaltung der Vorhalle wirkt geradezu modern. Außen wird die Kirche von dem 53 m hohen Turm beherrscht, der etwas überlängt erscheint und dennoch dem Bau eine besondere Eleganz verleiht. Die Lutherfigur vor dem Turm stammt von Oskar Kiefer. Das Kircheninnere ist ein fast quadratischer Zentralraum, der sich in vier kurze Kreuzarme mit Emporen öffnet. Die Sitzreihen sind so angeordnet, dass die Gläubigen freie Sicht auf die Kanzel haben – entsprechend dem *Wiesbadener Programm* (1890), einer Reform des Kirchenbaus, die vorsah, dass der Raum der Gottes-

Auf der Schwelle zur Moderne: die Lutherkirche

dienstbesucher mit der Kanzel und ihrem Prediger, mit dem Altar und der Orgel vereint ist (daher sind in der Christuskirche [s. S. 93] Altar, Kanzel und Orgel mittig übereinandergesetzt). Das Relief mit der Bergpredigt über der Kanzel stammt von Hermann Binz, die farbigen Glasfenster schuf Klaus Arnold 1962 als Ersatz für die im Krieg zerstörten Fenster.

Das **Finanzamt Karlsruhe-Stadt** (1 E2), im Innern eines Häuserblocks und westlich der ehem. Parfümerie- und Seifenfabrik Wolff & Sohn (1891, heute Polizeipräsidium) gelegen, wurde von Wittfoht Architekten entworfen und 2017–20 errichtet: ein sechsgeschossiger Riegel mit strenger Sichtbetonrasterfassade, in die schmale, bodentiefe Fenster gesetzt sind. Die Westseite ist durch ein einziges breiteres Fensterrechteck, das sich über das dritte und vierte Geschoss zieht, geöffnet; ein ebenso großes Einzelfenster in den beiden obersten Etagen lockert die schmale Nordfassade ein wenig auf.

EnBW-Konzernsitz (Durlacher Allee 93, s. Übersichtskarte): Die Zentrale der Energie Baden-Württemberg AG wurde 1995–97 nach einem Entwurf von Rossmann & Partner Architekten errichtet. Vier sechsgeschossige, parallele Bauten sind durch drei niedrigere Querriegel miteinander verbunden. Vor die verglaste Eingangshalle zur Durlacher Allee hin wurde ein Aluminiumdach gesetzt, das auf schräg stehenden, schlanken Stützen ruht und so der Südfassade des Gebäudekomplexes eine gewisse Leichtigkeit verleiht.

Schloss Gottesaue (1 E3): Auf dem Grundstück der 1556 säkularisierten Benediktinerabtei Gottesaue ließ Markgraf Ernst-Friedrich von Baden-Durlach 1588–94 nach Plänen von Johannes Schoch und Paul Murer ein Lustschloss errichten, das allerdings 1689 im Pfälzischen Erbfolgekrieg abbrannte. Der dreigeschossige, rechteckige Renaissancebau wurde danach sowie erneut nach einem weiteren Brand 1735 wiedererrichtet. 1818 diente er als Kaserne, im 20. Jh. als Mietshaus, Polizeischule und erneut als Kaserne, bis er 1944 zum dritten Mal zerstört wurde. Barbara Jakubeit rekonstruierte das Schloss 1982–89 aus der Ruine gemäß seiner historischen Gestalt. Das Innere wurde modern gestaltet. Seit 1989 ist das Gebäude Sitz der Hochschule für Musik. Vier runde Ecktürme mit vier Geschossen und ein viergeschossiger Treppenturm in der Mitte der Westfassade verleihen dem Putzbau eine prägnante Gestalt. Gesimse und antikisierende Pilaster aus Naturstein gliedern ihn; die Fenster sind mit Dreiecksgiebeln und aufwendig ornamentierten Einfassungen versehen.

Der **Multimediakomplex MUT** neben dem Schloss wurde 2013 nach Plänen des Büros Architekten.3P Feuerstein Rüdenauer & Partner als Ergänzungsbau für die Musikhochschule errichtet: ein schmaler Riegel und daneben ein kürzerer, aber breiterer Kubus mit Bühnenturm – die Fassaden dieses hocheleganten Bauteils aus dunkelbrauner Keramik kontrastieren

Die Musikhochschule mit Bauten aus dem 18. und dem 21. Jh.

mit den hellen Putzflächen von Riegel und Turm. Der zurückgesetzte, großflächig verglaste Eingang, dessen Sturz und rechte Laibung markant-schräg gestaltet sind, ist in Weiß gehalten. Der Doppelbau birgt einen Konzert- und Theatersaal.

Das **Bürogebäude Ludwig-Erhard-Allee 21** (I E3), Zentrale eines Bauunternehmens, entwarf der weltweit renommierte Architekt Tadao Ando 2017–21. Vier Baukörper mit vier bis sieben Geschossen umschließen als leicht von einem Rechteck abweichendes Karree einen Innenhof. Der Haupteingang an der Hennebergstraße ist als trapezförmiger Portikus mit schlanken Pfeilern vor einer fünfgeschossigen Fassade gestaltet. Daneben erhebt sich ein siebengeschossiger Kubus. Die Sichtbetonwände zeigen das für Ando charakteristische Raster im Maß japanischer Tatamimatten (90 auf 180 cm) mit sechs Ankerlöchern in den von Schalungsfugen gebildeten Rechtecken. Ando schuf

Meisterhaft austarierte Eleganz: Bürogebäude von Tadao Ando

hier ein meisterhaft ausgewogenes Gebäude von subtiler Leichtigkeit.

Die **Landesbank Baden-Württemberg** (1 D3), 2005–07 von Wilford Schupp Architekten errichtet, stößt kühn in den Raum. Das 140 m lange Gebäude auf den magentafarbenen V-Stützen ist elegant geknickt. Die Fensterlaibungen sind bunt, das poppig gerundete Eingangsvordach strahlt in knallrot.

Die Hauptverwaltung der **Volksbank Karlsruhe** (1 D2/3), 2008 nach Plänen von Herrmann + Bosch Architekten errichtet, ist ein sechsgeschossiger Stahlbetonbau mit einer höchst unkonventionell gestalteten Südfassade. Sie zeigt unregelmäßig geformte, blaue Glasflächen, in die ebenso unregelmäßige, über mehrere Geschosse reichende Fensterflächen eingefügt

Dramatische Fassade: die Volksbank Karlsruhe

sind. Die Fassade strahlt eine geradezu dramatische Dynamik aus. Der Energieversorgung dienen 120 Photovoltaikelemente auf der Glasfassade und eine unterhalb der Tiefgarage platzierte Geothermieanlage mit 75 Sonden von 35 m Tiefe.

Ehem. Arbeitsamt, heute Regierungspräsidium (1 D2): Der langgestreckte, dreigeschossige Bau entstand 1938–39 in einem für repräsentative Bauten des Nationalsozialismus charakteristischen neoklassizistischen Monumentalstil nach Plänen von Robert Amann. Die Fassaden sind mit Kalksteinquadern verkleidet. Ein hoher Sockel, vertikale Kolossalpfeiler und das Walmdach kennzeichnen den gestalterischen Traditionalismus. Lediglich die beiden Treppentürme an den Schmalseiten mit ihren Flachdächern haben eine Anmutung des Neuen Bauens. 1938–54 beherbergte der Bau das Arbeitsamt, heute ist das Karlsruher Regierungspräsidium darin untergebracht. Die Arbeitssuchenden betraten den Bau an der Rückfront, wo Drehtüren in nach Männern und Frauen getrennte Wartesäle führten; 1996 wurden diese Türöffnungen zugemauert. Carl Egler schuf die heroisierenden Skulpturen eines *Arbeiters des Geistes* und eines *Arbeiters der Hand.*

Die Südstadt

Das **Badische Staatstheater** (I C3) hatte mehrere Vorläufer an anderen Stellen der Stadt: Das erste Karlsruher Theater wurde 1719 im Ostflügel des Schlosses eröffnet. 1787–98 fungierte das Comedienhauß am damaligen Linkenheimer Tor als öffentliches Hoftheater. 1806–08 erbaute Friedrich Weinbrenner im westlichen Schlossbezirk das großherzogliche Hoftheater, das allerdings 1847 niederbrannte. Sein Nachfolgebau nach Plänen von Heinrich Hübsch wurde 1853 eröffnet. Die Nationalsozialisten benannten das Haus 1933 in Badisches Staatstheater um. 1944 wurde es durch einen Fliegerangriff zerstört; heute befindet sich am Standort des Hübsch-Baus das Bundesverfassungsgericht (s. S. 37). In der Nachkriegszeit gab es diverse provisorische Spielstätten. Sie ersetzte der Neubau in der Baumeisterstraße: Der polygonale Gebäudekomplex wurde 1970–75 nach einem Entwurf von Helmut Bätzner errichtet. Die Bauteile sind aufeinandergeschichtet und spannungsvoll gegeneinandergesetzt, die Fassaden und Dächer mit Sichtbeton und Aluminiumverkleidungen gestaltet. Das Mehrspartenhaus wird seit 2022 und bis voraussichtlich 2034 nach Entwürfen von Delugan Meissl Architects mit Wenzel + Wenzel Architekten saniert, umgebaut und erweitert. Ziel des Umbaus ist auch, bisher ausgelagerte Spielstätten mit dem Hauptbau zu vereinen. Ein Neubau umfasst das Kleine Haus und das Junge Staatstheater. Die Großform des Bätzner-Baus ist noch erkennbar und wird durch die Anbauten gleichsam weitergebaut. Der Zuschauerraum des Großen

Hauses bleibt in seinem Erscheinungsbild gewahrt. Mit seiner Hülle aus transparentem Metall hat der Gesamtbau, dessen Fassade durch große Glasflächen geöffnet ist, eine schwungvoll-elegante Ausstrahlung.

Ehem. Oberpostdirektion (1 C3): Hermann Billing gestaltete die Fassaden des viergeschossigen Vierflügelbaus mit Mezzanin 1935–38 in einem der nationalsozialistischen Ästhetik entsprechenden neoklassizistischen Stil. Die durch Fensterreihungen klar gegliederten Natursteinfassaden sind im Erdgeschoss durch Arkaden geöffnet, ein Turm im Gebäudehof setzt einen vertikalen Akzent. Am obersten Geschoss sind Wappenfriese von Fritz Hofmann angebracht. Seit 2002 wird das Gebäude nicht mehr von der Post genutzt und ist heute Sitz der Volkswohnung GmbH, der Wohnungsbaugesellschaft der Stadt Karlsruhe.

Hotelturm am Hanne-Landgraf-Platz 1 im Karlsruher Citypark (1 E3): Der sechseckige Sandsteinbau mit schindelverkleidetem hölzernen Aufsatz wurde 1877 von der Badischen Staatsbahn errichtet, als Wasserturm für die Befüllung von Dampflokomotiven. Damals befand sich hier ein Ausbesserungswerk der Bahn. 2014/15 wurde der alte Wasserturm vom Büro archis Architekten und Ingenieure zum SIST Hotel umgebaut: Ein Doppelzimmer mit Bad ist darin untergebracht.

Integrierte Leitstelle Karlsruhe für Feuerwehr, Rettungsdienste und Katastrophenschutz (1 E3): Der fünfgeschossige Kubus, 2016 nach Entwürfen von H III S harder stumpfl schramm architekten errichtet, ist ein Zweckbau mit markanter Ausstrahlung. Das erste Obergeschoss ruht teilweise auf einer Stütze in kräftigem Rot. Sie kontrastiert mit der Gebäude-Außenhaut aus Aluminium, dessen perforierte Profile den Fassaden eine Struktur geben. Schlitzartige Vertikalfenster und horizontale Fensterreihen öffnen sie. Die metallene Haut wirkt schallschluckend.

Seit 2021 steht neben der Leitstelle die von denselben Architekten mit der gleichen Außenhaut gestaltete **Hauptfeuerwache**. Schlauch- und Übungsturm sowie Fahrzeughalle sind in Sichtbeton gehalten und kontrastieren mit dem kräftigen Rot der Hallentüren.

Die Südweststadt

Hauptbahnhof (1 B4): Der erste Karlsruher Hauptbahnhof wurde 1843 auf dem Gelände des heutigen Badischen Staatstheaters eröffnet. Da er ab den 1870er Jahren eine Barriere gegen die Ausdehnung der Stadt nach Süden darstellte, kam es 1906–13 zum Neubau weiter südlich nach Plänen von August Stürzenacker. Der mittige Haupteingang des langgestreckten Baus ist im Jugendstil, die Seitenflügel sind noch neoklassizistisch gestaltet. Der etwas zurückgesetzte ganz rechte Flügel mit seinem gerundeten Vorbau ist der frühere Graben-Maxau-Bahnhof. Ein ungewöhnlicher, seitlich leicht geknickter Dreiecksgiebel überragt den Eingang, den zwei kubische, mit Ornamenten geschmückte Vorbauten flankieren. Fünf vertikale Achsen gliedern den Giebel, die aus teils verspielt, teils geometrisch-streng verzierten Steinbändern bestehen. Diese gehen nach unten in Oberlichter über, die durch ein feines Netz aus rechtwinkligen Elementen strukturiert werden. Die beiden Achsen der kreuzförmigen Halle mit Reisezentrum und Läden, einer Betonkonstruktion, sind von einem bereits modern wirkenden kassettierten Gewölbe überdacht, in dessen aparten Glasfenstern von einem mittigen Rechteck aus Sprossen strahlenförmig zu den Seiten streben. Wie der gesamte Bahnhof steht auch die fünfschiffige Halle über den Gleisen, ein verglaster Bau auf Stahlstützen, unter Denkmalschutz.

Den **Bahnhofsplatz** (1 B4) konzipierte Wilhelm Vittali 1911–15 mit einer gewissen baulichen Einheitlichkeit, etwa durch Kolonnaden. Er entwarf auch das **Schlosshotel** an der Ostseite des Platzes und den **Arkadenbau** mit zwei Eckpavillons am Stadtgarteneingang. Das **ehem. Hotel Reichshof** (Nr. 8, gegenüber dem Bahnhof) stammt von Emil Deines, das **ehem. Hotel Ketterer** an der westlichen Seite des Platzes (Nr. 14) entwarfen die Architekten Walder & Rank.

Wohnblock Ebert-/Schwarzwald-, Schnetzler-, Klosestraße (auch »Alker-Block« genannt, 1 B4): Die zwei- bis sechsgeschossigen Wohn- und Geschäftshäuser wurden 1929–30 von Hermann Reinhard Alker um eine Freifläche herum errichtet. Die obersten Geschosse sind durch Fensterbänder geöffnet und teilweise zurückgesetzt, die Eckbauten durch unterschiedlich hohe Geschosse dynamisch mit den Großbauten verschränkt. Mit den Flachdächern, dem weißen Verputz und dem Verzicht auf jegliche Ornamentik ist das Ensemble ein charakteristisches Zeugnis des Neuen Bauens.

Das **Exotenhaus im Zoologischen Garten** (1 C3) wurde 1953–55 nach einem Entwurf von Erich Schelling und vom Städtischen Hochbauamt unter Leitung von Helmuth Stephan als Hallenbad errichtet, Tullabad genannt. Es war seinerzeit der erste und modernste Neubau eines Hallenbades in der Bundesrepublik Deutschland. Das auf zwei Seiten vollverglaste Gebäude mit seinem elegant geschwungenen Dach verfügte über einen hydraulisch verstellbaren Sprungturm, eine Lichtanzeigetafel, Unterwasserleuchten und eine Lautsprecheranlage. 2008 wurde das Bad geschlossen und bis 2015 vom Architekturbüro Bach, Schwarzbrunn, Zabries zum Exotenhaus des Zoos umgebaut. Darin leben etwa 2000 Tiere von rund 100 Tierarten. Die Besucher gehen auf einem 450 m langen Rundweg auf drei Etagen durch eine subtropische Flusslandschaft.

Das **Vierordtbad** (1 C3) wurde 1871–73 nach Plänen von Josef Durm als öffentliche Badeanstalt im Stil der italienischen Renaissance mit Wannen- und Dampfbädern sowie einer Kurabteilung errichtet. Den imposanten Eingang bildet ein Portikus mit Pfeilerarkade und Dreiecksgiebel, der eine Darstellung von Hygieia, der griechischen Göttin der Gesundheit, von Rudolf Gleichauf aus Majolika-Fliesen enthält (1892). Dahinter erhebt sich eine überkuppelte Rotunde mit toskanischen Pilastern und figurenbesetzten Nischen. Den Hygieia-Brunnen vor dem Eingang schuf Johannes Hirt 1909. 1898–1900 erbaute Wilhelm Strieder eine Schwimmhalle, deren Thermenfenster im ersten Obergeschoss die römische Antike anklingen lassen. Der Schornstein des früheren Kesselhauses (1900) mutet orientalisch-minarettähnlich an. Das Kurbad wurde 1964 durch einen Neubau von Hans-Jürgen Lau ersetzt. Im Wellnessbereich ist ein großformatiges Majolika-Wandbild mit Frauen- und Männerfiguren von Carl Egler zu sehen. 2002–05 wurde das Bad von Maul.Fischer Architekten saniert, 2020–21 erfuhr es eine weitere Modernisierung durch Fischer.Architekten und Ingenieure.

Festplatz (1 B–C3): Hermann Billing, einer der bedeutendsten Karlsruher Architekten, war 1924–38 maßgeblich an den Planungen für eine Neugestaltung des Areals Ettlinger-Tor-Platz und Festplatz beteiligt. Der Bereich am Ende der klassizistischen »Via Triumphalis« (s. S. 62), jener vom Schloss ausgehenden und über Markt- und Rondellplatz bis zum Ettlinger Tor (1872 abgebrochen) führenden Nord-Süd-Achse Karlsruhes, sollte neugestaltet werden. Billings Konzeption ab 1924 sah einen großzügigen Gebäudekomplex vor, der aber aus wirtschaftlichen Gründen und wegen Anliegereinsprüchen nicht realisiert wurde. Lediglich drei Entwürfe Billings wurden gebaut: die Feuerwache (s. S. 82), der Wohnblock Hermann-Billing-Straße / Beiertheimer Allee (1928–29, s. S. 82) und die damalige Oberpostdirektion (1935–39, s. S. 77). Eine gigantomanische Konzeption der Nationalsozialisten für das Areal mit einem gewaltigen »Gauforum« gelangte kriegsbedingt nicht zur Ausführung, zudem verlor Karlsruhe 1940 seinen Rang als Gauhauptstadt. Nach dem Krieg entstanden Einzelbauten wie etwa die Schwarzwaldhalle oder das Badische Staatstheater (s. S. 76) ohne ein übergreifendes Konzept.

Das **Kongresszentrum** gruppiert sich mit mehreren Gebäuden um den Festplatz. Robert Curjel und Karl Moser entwarfen die 1913–15 erbaute neoklassizistische Städtische Ausstellungshalle, die spätere **Stadthalle** (1 B3). 22 ionische Säulen verliehen deren langgestreckter Vorhalle eine elegante Ausstrahlung. 1950–75 diente der Bau als Schauspielhaus des Badischen Staatstheaters, 1981 wurde er bis auf die Vorhalle abgerissen. Herman Rotermund und Christine Rotermund-Lehmbruck errichteten bis 1985 den Neubau, in den sie die Säulenvorhalle einfügten. Die Stadthalle dient Konzertveranstaltungen und Konferenzen, doch sie wird seit 2017 bis voraussichtlich 2025 saniert. Das **Konzerthaus** (1 B3) wurde wie die Stadthalle 1913–15 von Robert Curjel und Karl Moser errichtet, ebenso in neoklassizistischem Stil. Der übergiebelte Portikus mit korinthischen Säulen erinnert an die Evangelische Stadtkirche Friedrich Weinbrenners am Marktplatz. Nach Kriegszerstörungen, denen auch der Portikus zum Opfer fiel, wurde das Gebäude vereinfacht rekonstruiert und diente bis 1975 als Spielstätte des Großen Hauses des Badischen Staatstheaters. 1992–94 nahmen Rainer Rupprecht und Rolf Apell eine Generalsanierung vor, bei der sie auch den Portikus wiedererrichteten und mit einem neuen Giebel versahen; dieser enthält ein Keramikrelief von Stephan Balkenhol, das Musizierende zeigt. Im Konzerthaus finden Theater- und Konzertaufführungen sowie Kongresse statt. Die **Schwarzwaldhalle** (1 B3) errichteten der Architekt Erich Schelling und der Ingenieur

Ulrich Finsterwalder 1953 als erste Halle in Europa mit einem freitragenden Hängedach aus Stahlbeton – eine damals viel beachtete konstruktive Leistung. Das ellipsenförmige Dach mit seinem muldenartigen Schwung ruht auf 36 Stahlbetonstützen, welche die verglaste Außenwand des Gebäudes gliedern. Im Jahr 2000 wurde die Halle als besonders bedeutendes baden-württembergisches Kulturdenkmal gewürdigt.

Wohnblock Hermann-Billing-Straße 2–6 / Beiertheimer Allee 1–9 (1 B3): Das 1928–29 von Hermann Billing und Hans Zippelius entworfene fünf- und sechsgeschossige Gebäude ist ein Bau des Übergangs. Sein bossierter Sockel sowie die Fenstereinfassungen und der gewellte Fries, beide aus Naturstein, zeigen eine traditionalistisch-neoklassizistische Gestaltung, während das Flachdach, die weiß verputzte, strenge Lochfassade, die Fensterreihe des zurückgesetzten obersten Geschosses und die Loggien des sechsgeschossigen Kopfbaus bereits für die Neue Sachlichkeit stehen.

Ehem. Städtische Feuerwache (1 B3): Den 1924–26 errichteten dreigeschossigen neoklassizistischen Bau planten Hermann Billing (Fassade) und Friedrich Beichel (Grundrisse). Die Fassade ist mit hellem Putz und gelbem Sandstein gestaltet, die Tore liegen hinter Arkaden, zwischen deren Bögen reliefierte Rundelemente angebracht sind. Zwei Steinskulpturen über der Einfahrt in der Mathystraße stammen von Otto Hildebrand und Otto Schneider. Ein viergeschossiger Steigturm ist Teil der zweiflügeligen Anlage mit Autohallen und Werkstattgebäude hinter dem Hauptgebäude. Die Hauptfeuerwache wurde 2021 aufgegeben und bis 2024 zum »Haus des Bevölkerungsschutzes« mit verschiedenen Rettungsdiensten umgebaut. Die neue Hauptfeuerwache (s. S. 77 f.) befindet sich in der Zimmerstraße 1.

Das **Polizeirevier Südweststadt** (1 B3) wurde 1902 als Gebäude des Katholischen Oberstiftungsrates nach Plänen von

Johannes Schroth errichtet. 1955–2013 diente der neoromanische rote Backsteinbau als Polizeipräsidium. Die beiden Hauptflügel laufen in spitzem Winkel auf einen runden Kopfbau zu, der Elemente des romanischen Kirchenbaus zitiert: Hinter eine Zwerggalerie ist ein Dach gesetzt, das der Halbkuppel einer Apsis gleicht. Auch die Drillingsfenster mit Dreipassbögen im zweiten Obergeschoss des Rundbaus und die Zwillingsfenster im ersten Obergeschoss der Flügel sind eine typisch romanische Formgebung. Gewaltige Dreiecksgiebel mit Fenstern hinter schlanken Kolossalpfeilern prägen die viergeschossigen Flügel. Zwei turmartige Risalite zwischen Kopfbau und Flügeln setzen Versatzstücke einer mittelalterlichen Burg in Szene.

Die **Hirschbrücke** (1 A3), 1889–91 nach Plänen von Hermann Schück errichtet, führte ursprünglich über drei Eisenbahntrassen; 1895 und 1931 wurden diese rückgebaut. Heute überquert sie die Jollystraße und die Mathystraße mit Straßenbahngeleisen. Die dreiteilige Balkenbrücke erstreckt sich zwischen zwei Rampen. In der Mitte ruht sie auf zwei Sandsteinpfeilern und über der Jolly- und der Mathystraße auf gusseisernen Säulen. Das stimmungsvolle Bauwerk war schon Schauplatz von Filmen.

Ehem. Militärkrankenhaus, seit 2010 **Landesamt für Geoinformation und Landentwicklung** (1 A3): Friedrich Arnold errichtete den spätklassizistischen Dreiflügelbau 1844–45. Den dreiachsigen Bereich des Haupteingangs flankieren zwei mit Attiken gekrönte Risalite. Die beiden Obergeschosse des Baus werden durch Lisenen gegliedert, über den Eingang sind Kolossalpilaster gesetzt. Die Fassade ist zurückhaltend, eher flächig gestaltet. Die Seitenflügel werden durch Dreiecksgiebel betont.

Das **Bürogebäude der Deutschen Rentenversicherung** (Gartenstr. 105, s. Übersichtskarte) ist mit seinen 21 Stockwerken das höchste Hochhaus Karlsruhes: Erich Schelling entwarf es 1960–64 im funktionalistischen Stil mit einer Rasterfassade. Ein schmaler Mittelteil überragt das Dach und die Schmalseiten.

Das **Bürogebäude Synus** (I A3), 2014 vom Architekturbüro Kramm + Strigl errichtet, hat mit vier Rundungen einen ungewöhnlichen Grundriss. Der sechsgeschossige Bau zeigt mit seinen Fensterbändern und den weißen Bahnen der geschlossenen Fassade dazwischen eine klar-kontrastive Gestaltung, die mit dem zurückgesetzten Dachgeschoss an den Stil des Neuen Bauens der 1920er Jahre erinnert.

Bundesanwaltschaft (I A3): Den Sitz des Generalbundesanwalts, 1990–94 von Oswald Mathias Ungers erbaut, umschließt aus Sicherheitsgründen eine fünf Meter hohe Mauer. In das U-förmige, fünfgeschossige Gebäude ist ein halbkreisförmiger Eingangsbau mit konkaver Front gesetzt, dessen untere Geschosse hinter Arkaden zurücktreten. Darüber erhebt sich eine gleichmäßige Rasterfassade. Das Hauptgebäude ist mit hellem Kalkstein verblendet, der Eingangsbau dagegen weiß verputzt.

Ehem. Deutsche Waffen- und Munitionsfabriken (Lorenzstr. 19, I A3): 312 m lang ist der Hallenbau A, den Philipp Jakob Manz 1915–18 errichtete. Der viergeschossige, verputzte Betonskelettbau mit Mansarddächern umfasst zehn verglaste Lichthöfe und ist auf beiden Seiten durch sechs Risalite mit Giebeldreiecken gegliedert. Zwischen kolossale Wandpfeiler sind große Fenster gesetzt. Das neoklassizistische Gebäude nimmt Bezug auf die Berliner AEG-Kleinmotorenfabrik (1913) von Peter Behrens und weist vom Historismus bereits in den Funktionalismus der Moderne. Im Zweiten Weltkrieg arbeiteten in der Fabrik 30 000 Menschen. Eine Schrifttafel von Tomáš Jungvirt erinnert an 17 000 damals hier tätige Zwangsarbeiterinnen und Zwangsarbeiter. 1994–2001 baute das Architekturbüro Schweger + Partner das Gebäude um. Das im Innern luftig-durchlässige Gebäude mit seiner bestechenden Ästhetik

Das Zentrum für Kunst und Medien mit dem Kubus des Tonstudios

der Funktionalität dient mit Einbauten und Stellwänden als Ausstellungsort: 1997 zogen das **ZKM** (s. S. 120 f.) und die **Städtische Galerie Karlsruhe** (s. S. 120) ein. Seit 2001 ist zudem die **Staatliche Hochschule für Gestaltung Karlsruhe** in dem Bau untergebracht. Der ebenfalls von Schweger + Partner entworfene Stahl-Glas-Kubus (2005) neben dem einstigen Fabrikgebäude birgt ein Tonstudio.

Den **Filmpalast am ZKM** (I A3), ein gewaltiges Kino-Ensemble mit zehn Sälen, baute Till Sattler 1998–2000. Sehr massiv wirkt das Rundkino an der Ecke Brauer-/Römhildtstraße, das Kinofoyer gegenüber dem ZKM dagegen zeigt sich mit seiner gläsernen Halle und dem weit über sie hinausragenden, ebenfalls gläsernen Dach mit seinen schlanken Säulen als leichte, transparente Konstruktion.

Europahalle (Hermann-Veit-Str. 7, s. Übersichtskarte): Das Architekturbüro Schmitt Kasimir + Partner entwarf die 1981–83 gebaute Großsporthalle. Das Dach des stützenfreien Hallenraumes aus Stahlfachwerkträgern ist wie bei einer Hängebrücke an zwei Stahlseilen aufgehängt, die von zwei schrägstehenden, 31 m hohen Masten getragen werden. Leicht und elegant wirkt diese Konstruktion über den neun Sheddächern der Halle.

Die Weststadt

Fichte-Gymnasium (1 B2): Die Geschichte der Schule ist eng mit dem Bildungsfortschritt der Frauen in Deutschland verknüpft. 1827 wurde in Karlsruhe eine Städtische Töchterschule eröffnet, die ab 1838 Höhere Töchterschule hieß. Für die danach gegründete Höhere Mädchenschule entstand 1877–78 der dreigeschossige Neorenaissancebau nach einem Entwurf von Heinrich Lang. 1893 wurde in einem Rückgebäude das erste deutsche Mädchengymnasium eröffnet, wo 1899 erste Absolventinnen ihr Abitur ablegten. 2009–11 errichteten Klinkott Architekten ein aufgeständertes Erweiterungsgebäude, das Haupt- und Nebengebäude als Brückenbau verbindet. Das Büro netzwerkarchitekten entwarf einen zweiten Erweiterungsbau, der 2014–15 ein paar Häuser weiter in der Sophienstraße 2 entstand. Zur Straße hin präsentiert sich seine Fassade aus Profilbauglas mit quadratischen Fenstern. Schwarze Bänder rahmen die durch bronzefarbene Bedampfung verspiegelten Fenster, verbinden sie miteinander und akzentuieren die Kanten des Gebäudes.

Brauerei Moninger (1 A2): Hermann Walder und Friedrich Wilhelm Rauschenberg entwarfen das Sudhaus der Brauerei (1899) mit einem burgartigen neoromanischen Rundturm, dessen Fassade aus gelbem Haustein von Streifen und Bögen aus rotem Backstein durchzogen ist.

♦ Die **Eisenlohrstraße** säumt eine Vielzahl von Wohnhäusern des Historismus und Jugendstils. 1897 entwarfen Robert Curjel und Karl Moser die Nr. 3, 5 und 7, ein Dreifachwohnhaus mit gotischen Stilmerkmalen und Schweifgiebel, sowie die Nr. 15 und 17 mit burgähnlichen Reminiszenzen. 1898–1907 baute Hermann Billing die Häuser Nr. 23, 31, 33–35 und das Eckhaus zur Bunsenstraße (Bunsenstr. 22); die Nr. 23 gestaltete er als pittoreskes Haus mit Jugendstilelementen. Nach Entwürfen von Heinrich Sexauer aus den Jahren 1903–08 entstanden die Häuser Nr. 18–22, 24, 26, 28, 32, 37, 39 und 47. Erbauer der Nr. 29 war 1902 Karl Stief. Das prächtige Doppelhaus Nr. 41–43 wurde 1905 nach Plänen von Michael Holwäger und Karl Hillenbrand errichtet.

Die evangelische **Markuskirche** (Weinbrennerstr. 23, s. Übersichtskarte), 1934–35 errichtet, entwarf Otto Bartning als Saalkirche mit rechteckigem Langhaus und halbrundem Chor. Er behauptete sich gegen Kritik des nationalsozialistischen Gauleiters, die an dem Entwurf »undeutsche[n] Internationalismus, marxistische Gesinnung, Fabrikhallencharakter« monierte. Der außen verputzte Stahlskelettbau wird durch Lisenen und Gesimse aus Werkstein gegliedert. Der sechseckige Turm fungiert als Gelenk zwischen Gottes- und Gemeindehaus und hat – in Karlsruhe einmalig – einen offenen Glockenstuhl. Die Lichtführung im Kirchenschiff ist durch tief in nischenartigen Anräumen liegende Fenster raffiniert-indirekt gestaltet, denn die Fenster sind bei einem Blick in den gesamten Raum nicht sichtbar. »Der Aufmarsch der breiten, nach innen gelegten Strebepfeiler gibt dem Raum eine natürliche Feierlichkeit und deckt den unmittelbaren Blick in die Fenster ab. Dieses einfache Mittel sakraler Wirkung ist ein ehrliches Mittel, denn diese Pfeilerstellung ist zugleich die [...] wirtschaftlichste Konstruktion zur Raumüberspannung«, so Bartning selbst. Die Holzbinderdecke gibt dem kühl-strengen Raum optische Wärme. Die Bedeutung der Kanzel wird durch ihre mittige Position vor dem Altar betont. Die Altarwand zeigt in Goldbuchstaben Texte aus den Evangelien und der Offenbarung. Otto Schneider schuf die in Majolika ausgeführten Wandbilder *Der verlorene Sohn* und *Der barmherzige Samariter* in der Vorhalle.

St. Bonifatius (Sophienstr. 127, s. Übersichtskarte): Ein massiver Turm prägt den historistischen Monumentalbau, eine neoromanische, dreischiffige Basilika mit Querhaus, halbkreisförmiger Apsis und Kapellenkranz, entstanden 1905–08 nach Plänen von Johannes Schroth. Bemerkenswert ist, dass die zur selben Zeit entstandene Lutherkirche (s. S. 70) deutlich kühner und moderner als die katholische Kirche St. Bonifatius gestaltet ist. Deren Chor schmückt eine Zwerggalerie, auf dem Kreuzungspunkt der Satteldächer von Lang- und Querhaus sitzt ein Dachreiter. Im Innenraum alternieren Pfeiler und Zwillingssäulen als Stützen der Arkaden des Mittelschiffs, über dessen Jochen sich drei Kuppeln wölben. Über die Mittelschiffarkaden sind je Joch zwei Rundbogentriforien in die Emporen gesetzt; darüber liegt der Obergaden. Nach Kriegszerstörungen 1944 und der Wiederherstellung der Kirche 1945–50 versah Valentin Feuerstein 1978–80 die Decken von Hauptschiff, Vierung und Chorraum mit neuen Gemälden: Darstellungen des Alten und Neuen Testaments sowie Szenen aus dem Leben des hl. Bonifatius (linke Querschiffkuppel), der hl. Lioba und der hl. Elisabeth (rechte Querschiffkuppel). Der neue Altar (1978) stammt von Frido Lehr. Bereits 1963–64 schuf Franz Dewald neue Rosettenfenster für das Querhaus.

Lessing-Gymnasium (Sophienstr. 147, s. Übersichtskarte): Das neoklassizistische Gebäude mit zwei repräsentativen Eingängen, die von korinthischen Doppelsäulen gerahmt werden, wurde 1909 von Friedrich Beichel errichtet. Die Schule ist bildungsgeschichtlich von Bedeutung, denn nachdem 1893 im Gebäude des heutigen Fichte-Gymnasiums (Sophienstr. 12–16) das erste deutsche Mädchengymnasium eröffnet worden war, führte das große Interesse an der gymnasialen Ausbildung für

Mädchen 1911 dazu, dass das neue Lessing-Gymnasium die gymnasiale Ausbildung der Mädchen übernahm. 2010 entstand nach Plänen von Rossmann + Partner Architekten ein Erweiterungsbau mit einem verglasten Erdgeschoss, über das sich – kantig und elegant zugleich – zwei Geschosse mit Fensterbändern erheben. Eine golden glänzende Metallfassade verleiht dem Kubus Präsenz.

Vor der Schule erstreckt sich der stimmungsvolle **Gutenbergplatz** (s. Übersichtskarte) mit dem **Krautkopfbrunnen** (1908) von Friedrich Ratzel.

Die **Baugruppe 44** (Paul-Ehrlich-Str. 10–24, s. Übersichtskarte) wurde 2006 auf einem städtischen Grundstück an der Hildapromenade als Modellprojekt der Stadt Karlsruhe mit 15 Bauherren errichtet. Einst erstreckte sich hier die Dragonerkaserne. Auf acht unterschiedlich breiten Parzellen entstanden acht Reihenhäuser, die durch über die Fassaden herauskragende Wandscheiben in Sichtmauerwerk voneinander getrennt sind. Sieben Architekturbüros (architectoo, Baurmann + Dürr, Uwe Ehrler, Peter Neideck, Reich + Seiler, Strolz + Weisenburger und Wacker + Fern) gelang mit unterschiedlichen Fensterformen und Farbkonzepten eine formal vielfältige Fassadenreihe. Als verbindende Elemente haben alle Häuser fünf Geschosse sowie Flachdächer.

Einheitlichkeit und Vielfalt: die Baugruppe 44

Die **Villa Junker** (Ludwig-Marum-Str. 10, s. Übersichtskarte) errichtete das Architekturbüro Curjel & Moser 1902–03 für den Pferdemaler Hermann Junker (1867–1928). Der Jugendstilbau wird nach dessen Ehefrau auch »Villa Ottilie« genannt. Der Kontrast zwischen dem weiß gestrichenen Holz der Fenster, Balkone und Loggien und den Backsteinwänden erzeugt eine gewisse Spannung. Vor allem aber bietet das dreigeschossige Haus mit seinem Mansardwalmdach und zwei Schweifgiebeln durch vier ganz unterschiedlich gestaltete Seiten ästhetische Unterhaltung: Das Erdgeschoss der Ostseite beleben zwei apsisartige Erker, die Südseite bietet einen Vorbau mit balkonähnlicher Öffnung, die Westfassade hat einen großzügigen Balkon, und die Nordseite an der Straße verfügt über eine zur Bauzeit moderne kleine Fensterreihe sowie zwei Fenster mit verspielten Gittern. Die Fenster im ersten Obergeschoss der Nordseite wurden nach dem Zweiten Weltkrieg anstelle eines Atelierfensters eingebaut.

Drei Straßen laufen sternförmig auf den **Haydnplatz** (s. Übersichtskarte) zu: die Mozart-, die Beethoven- und die Weberstraße. Den halbrunden Platz und seine Bebauung aus den Jahren 1903–13 entwarf Heinrich Sexauer. Die dreigeschossigen Bauten mit Mittelrisaliten sind an der Weberstraße durch einen Torbogen mit einem Häuschen verbunden. 1956 errichtete Otto Haupt auf dem noch unbebauten Grundstück zwischen nördlicher Hildapromenade und Mozartstraße ein fünfgeschossiges Gebäude. Der halbkreisförmige **Brunnen** von Bernhard Bleeker und Heinrich Sexauer mit Skulpturen von Emil Sutor (1973) entstand 1911–16.

Das **Doppelhaus Stein-Straus** (Weberstr. 1–3) unweit des Haydnplatzes entstand 1907–08 nach einem Entwurf von Hermann Billing. Den zweigeschossigen Sandsteinbau akzentuieren zwei dreigeschossige Eckrisalite. Eine fein austarierte Asymmetrie kennzeichnet die beiden Hälften. Die noble Fassade wird durch eine dezente Ornamentik, darunter barockisierende Kartuschen, raffiniert belebt.

Die **Staatliche Akademie der Bildenden Künste** (I A1) geht auf die 1854 gegründete Großherzoglich Badische Kunstschule und die ab 1878 bestehende Karlsruher Kunstgewerbeschule zurück. Für Letztere errichtete Josef Durm 1887–89 einen Neubau und 1898–1901 einen Erweiterungsbau. 1920 wurden Kunstschule und Kunstgewerbeschule zur Badischen Landeskunstschule zusammengeschlossen, die 1961 zur Staatlichen Akademie der Bildenden Künste wurde. Die Karlsruher Institution war und ist eine bedeutende Kunsthochschule sowie ein Ort wichtiger Stilrichtungen der modernen und nachmodernen Kunst, so etwa des Jugendstils, später dann der Neuen Sachlichkeit mit bedeutenden Repräsentanten wie Karl Hubbuch und Wilhelm Schnarrenberger. Die Nachkriegskunst war vertreten ebenso wie die Malerei des Neoexpressionismus der 1980er Jahre. Hier lehrten etwa Horst Antes, Georg Baselitz, Erich Heckel, Karl Hubbuch, Alexander Kanoldt, Markus Lüpertz, Georg Meistermann, Emil Schumacher und Hans Thoma. Der Bau von 1889 ist eine dreigeschossige Vierflügelanlage in Formen der italienischen Renaissance. Vor dem ursprünglichen Eingang mit Doppelsäulen steht die Plastik *Mann im Hirschgeweih* (2001) von Stephan Balkenhol. Auch das neuere Gebäude von 1901, eine asymmetrische Dreiflügelanlage, ist ein Neorenaissancebau, dessen Fassade Medaillons mit Porträts deutscher Künstler der Renaissance zieren.

Die **Villa Schönleber** (I A1) wurde 1888–89 von Otto Tafel für Gustav Schönleber (1851–1917) errichtet, der ab 1880 Professor für Landschaftsmalerei an der Karlsruher Kunstakademie war. Das zweigeschossige Wohn- und Atelierhaus mit einem Mezzanin unter dem hervorkragenden Dach und einer rundbogigen Loggia im ersten Geschoss entspricht dem Typus einer toskanischen Landvilla. Das Wandgemälde *Fahrt ins*

Wunderland auf der Fassade zur Reinhold-Frank-Straße hin schuf Wilhelm Volz. Die Villa gehört heute zur Staatlichen Akademie der Bildenden Künste.

Die **Justizvollzugsanstalt** (I A1), das ehem. Amtsgefängnis II, wurde 1894–97 nach Plänen von Josef Durm erbaut, nachdem die Zellen im Rathausturm und das Amtsgefängnis I im Hof des heutigen Landgerichts für die Unterbringung der Gefangenen nicht mehr ausreichten. Die Besonderheit der JVA ist, dass sie den Zweck des Gebäudes kaschiert, das in ein bürgerliches Villenviertel integriert werden sollte. So errichtete Durm einen geradezu prachtvollen zweigeschossigen Vierflügelbau im Stil eines Palazzos der italienischen Renaissance. Ein dreigeschossiger Mittelrisalit beherrscht die Ostseite. Sockel, Fenstereinfassungen und Gesimse sind in Sandstein ausgeführt und kontrastieren mit Backsteinwänden. Die Zellen sind zum Innenhof ausgerichtet, während an den Innenseiten der Außenwände Gänge entlangführen. So war es möglich, die Außenfronten des Baus mit Zwillings- und Drillingsfenstern auszustatten, die – anders als kleine, vergitterte Öffnungen – die Funktion des Gebäudes nicht erkennen lassen.

Den Gebäudekomplex aus **Generallandesarchiv** (I A1), **Rechnungshof Baden-Württemberg** (I A1) und **Verwaltungsgericht Karlsruhe** (Nördliche Hildapromenade 1) errichtete Friedrich Ratzel 1901–05 nach einem Entwurf von Adolf Hauser. Die neobarocken Putzbauten werden durch plastische Elemente in rotem Sandstein strukturiert. 2008–11 gestalteten die Architekturbüros Auer + Weber und Wenzel + Wenzel einen Erweiterungsbau, der durch eine Brücke mit dem Altbau verbunden ist. Den Neubau umhüllt Streckmetall, das von einem feinen Gitter aus Rechtecken überzogen ist.

Christi Auferstehungskirche (I A2) ist die Kirche der Karlsruher Alt-Katholiken, die ihre Gemeinde 1872 gründeten. Die Alt-Katholiken lehnen gewisse kirchliche Dogmen des

Ersten Vatikanischen Konzils aus dem Jahr 1870 ab und haben u. a. eine liberalere Kirchenordnung als die katholische Kirche. Bei seinem Entwurf für das 1894–97 errichtete Gotteshaus orientierte sich der Architekt Carl Schäfer an der nordfranzösischen Gotik. Der Glockenturm steht in dem Winkel von Chor und Querhaus, zwei schlanke Türme rahmen die Westfassade. Der Bau erlitt im Zweiten Weltkrieg starke Zerstörungen; seine Wiedererrichtung dauerte bis 1978. Die einschiffige Kirche mit Lang- und Querhaus sowie einer 5/8-Apsis wird von Kreuzrippen überwölbt. Die Fenster, darunter die große Rosette der Westfassade (1975), schuf Peter Valentin Feuerstein in den 1970er Jahren. 2008 kam im Querhaus das Fenster *Himmlisches Jerusalem* von Günter Grohs hinzu.

Rathaus West (I A2): Adolf Hanser errichtete den Neorenaissancebau 1896–98 für eine Versicherung. Seit 1954 dient das Gebäude der Stadtverwaltung. Der markante dreigeschossige Kopfbau, auf den die Gebäudeflügel in spitzem Winkel zulaufen, erhebt sich über einem Sockel aus Bossenmauerwerk mit kolossalen korinthischen Halbsäulen. Ein Sprenggiebel mit Wappenkartusche leitet über zur ovalen Kuppel, die von einer Balustrade gekrönt wird.

Die **Christuskirche** (I A2) wurde 1896–1900 nach Plänen von Robert Curjel und Karl Moser errichtet. Das historistische Gotteshaus mit seinem 67 m hohen oktogonalen Vierungsturm und vier Treppentürmen ist in zweierlei Hinsicht so interessant wie bedeutsam: Zum einen ist der Sandsteinbau mit Fensterrose, Fialen und Maßwerkfenstern neogotisch gestaltet, zugleich aber bereits mit Jugendstilornamentik ausgestattet – die sich etwa am Eingangsgitter, an den bronzenen Kandelabern vor dem Portal und an den Ausmalungen des Gewölbes der Orgelempore zeigen. Zum anderen setzt die Kirche das *Wiesbadener Programm* (1890) des evangelischen Pfarrers Emil Veesenmeyer um, der Kirchen als »Versammlungshäuser der feiernden Gemeinde« mit einer Einheit von Gemeinde und Priester forderte; alle Sehlinien sollten zum Altar hin orientiert sein, die Kanzel müsse dem Altar mindestens gleichwertig sein und mit Orgel und Sängerbühne verbunden werden. Entsprechend ist die Christuskirche eine Kombination von Zentral- und Längsbau. Im Vierungsraum sind die Sitzreihen halbkreisförmig mit Blick auf den Altar angeordnet, hinter dem Kanzel, Chorbühne und Orgel aufragen. Die Bronzearbeiten schuf Fridolin Dietsche. Alle bildhauerischen Arbeiten stammen von Hermann Binz und Wilhelm Sauer. Die Fenster der Seitenemporen gestaltete Johann Albert Lüthi. Die Verglasung der im Krieg zerstörten Maßwerkrose rekonstruierten 1950 Studierende des Expressionisten Erich Heckel, der an der Karlsruher Kunstakademie lehrte.

Das neogotische, malerische **Pfarrhaus der Christuskirche** (heute Pfarramt; Riefstahlstr. 2, I A1) wurde 1897–98 ebenfalls von Curjel und Moser erbaut, genauso wie das **Doppelhaus Riefstahlstraße 4 und 6** (I A1; 1896–97), das die beiden Architekten selbst bewohnten, mit seinem mittelalterlich anmutenden Turm.

Die Nordweststadt

Die evangelische Kirche **St. Konrad** (Hertzstr. 16a, s. Übersichtskarte) wurde 1956–57 nach Plänen von Werner Groh erbaut. Archaisch-reduziert hat er das Portal gestaltet, indem er in eine hohe, konkave Backsteinwand eine Rundbogentür setzte. Ein schlank-eleganter, über Eck platzierter Glockenturm steht als Campanile schräg gegenüber dem Eingang. Ungewöhnlich ist die Gestaltung der Seitenwände des Langhauses der Hallenkirche: Die gezackten Wände wechseln zwischen geschlossenen Teilen und vertikalen Farbfenstern, die in

Ungewöhnliche Sakralarchitektur: die Petrus-Jakobus-Kirche

zwei arkadenartigen Reihen übereinander angeordnet sind. Das Licht wird auf den Altar geleitet. Die 1958 von Franz Dewald gestalteten 48 Fenster zeigen Figuren des Alten und Neuen Testaments und eine Lobpreisung der Schöpfung. Eine geflochtene Holzdecke überspannt das Schiff. Frido Lehr schuf 1968 die Bronzereliefs des Kreuzwegs.

Die evangelische **Petrus-Jakobus-Kirche** mit Gemeindehaus (Bienwaldstr. 16), entstanden 2015–17 nach Plänen von Peter Krebs, bietet mit ihrem weiß geschlämmtem Ziegelmauerwerk ein höchst ungewöhnliches Erscheinungsbild. Die Dächer der beiden durch einen Hof mit Kolonnaden verbundenen Gebäude fallen von einer Flachdachzone nach unten ab, um dann wieder zu einem zweiten Flachdach aufzusteigen. Den weiten Kirchenraum mit weißen Putzwänden, Kalksteinböden und einer Holzdecke erhellen Fenster unterschiedlichen Formats. Die farbigen Glasfenster mit dem Thema »Es werde Licht« schuf der renommierte britische Glaskünstler Graham Jones, die *Engelfenster* gestaltete Rosemarie Vollmer.

Ehem. Kadettenanstalt, jetzt **Oberfinanzdirektion** (1 A1): Preußische Kadettenanstalten waren weiterführende Schulen, die auf eine militärische Laufbahn zielten. In den Vorkorps, später Kadettenhäuser genannt, lernten Schüler der Klassenstufen Sexta bis Obertertia. Das Kadettenhaus Karlsruhe war die einzige preußische Kadettenanstalt außerhalb Preußens. Sie wurde 1889–92 von Hermann Hellwich erbaut. Das langgestreckte Gebäude aus rotem und hellem Sandstein wird durch einen Mittelrisalit mit Maßwerkfenstern im zweiten Obergeschoss zentriert. Kompaniebauten und Wohnhäuser der Kompaniechefs schlossen sich an beiden Seiten des Hauptgebäudes an. Die Kadettenanstalt wurde 1920 geschlossen.

Die **Neue Synagoge** (1 A1), 1971 errichtet, wurde von Hans Backhaus und Harro Wolf Brosinsky entworfen. Sie erhebt sich mit einem Dach in Form eines Davidsterns über einem sechseckigen Grundriss. Das Innere mit seinen holzvertäfelten, verkanteten Wänden ist als dynamischer, zeltähnlicher Raum gestaltet. Ein horizontal laufendes gläsernes Band sorgt für die Belichtung.

Synagogen in Karlsruhe

Schon 1725 bestand in Karlsruhe eine Synagoge in einem Wohnhaus. 1806 wurde die von Friedrich Weinbrenner erbaute neue (reformierte) Synagoge in der Kronenstraße / Ecke Lange Straße (heute Kaiserstraße) eingeweiht, die 1871 allerdings abbrannte. 1873–75 wurde in der heutigen Kronenstraße 17 ein von Josef Durm geplanter Nachfolgebau errichtet. Die Synagoge der orthodoxen Israelitischen Gemeinde entstand 1881 nach Plänen von Gustav Ziegler in der Kaiser-Friedrich-Straße. Beide Synagogen wurden 1938 angezündet und später abgebrochen. Das 1889 erbaute jüdische Gemeindehaus in der Herrenstraße 14 wurde nach dem Zweiten Weltkrieg als Betsaal und ab 1951 als Synagoge genutzt.

Die äußeren Stadtteile

Durlach (s. Übersichtskarte)

Die **dm-Konzernzentrale** (Am dm-Platz 1) von Lederer Ragnarsdóttir Oei Architekten hat mit einem monotonen Verwaltungsbau nichts gemein. Leicht geknickte Fassaden, acht Innenhöfe mit trapezähnlichem Grundriss und unterschiedliche Fensterformen verleihen dem drei- bis viergeschossigen Komplex eine unverwechselbare Gestalt. Für die geschlossenen Außenwände der Stahlbetonkonstruktion wurden Abbruchziegel verwendet, Ecken sind turmartig abgerundet, und die Eingangsfassade besticht durch einen eigenwilligen, doppelt gewölbten Bauteil in ihrer Mitte.

Evangelische Stadtkirche Durlach (Pfinztalstr. 31): Bereits im 12. Jh. errichtete man an dieser Stelle eine Kirche; 1255 wurde sie erstmals erwähnt. Von diesem Bau ist nur noch der untere Teil des Westturms mit seinen gekuppelten Fenstern erhalten. Im 15. Jh. wurde das Gotteshaus im gotischen Stil erweitert, ein Chor mit Spitzbogenfenstern entstand, und der Turm erhielt ein achteckiges Obergeschoss. Im Pfälzischen Erbfolgekrieg wurde die Kirche 1689 weitgehend zerstört. Den heutigen Bau, eine dreischiffige barocke Hallenkirche, errichtete Giovanni Mazza 1698–1700 nach Entwürfen von Domenico Egidio Rossi und Thomas Lefèbvre. Die gotischen Außenmauern mit Spitzbogenfenstern sind teilweise erhalten. 1739 bekam der Turm durch Benedikt Burtscher seine stadtbildprägende Barockhaube. Über zwei Säulenarkaden liegt eine Spiegeldecke mit schlichter Verzierung. Albert Finck entwarf 1955–56 vier der farbigen Glasfenster des Chors: Das Mittelfenster *Jubilate* stellt die Verklärung Jesu dar, das *Diakoniefenster* links thematisiert den Dienst am Nächsten, und das *Märty-*

rerfenster rechts zeigt christliche Märtyrer; ein weiteres Chorfenster Fincks ist dem Gedenken der Opfer des Zweiten Weltkriegs gewidmet. Das fünfte Fenster an der Südseite, das *Seligpreisungsfenster*, gestaltete Berthold Rosewich 1999. Der Altar (um 1780) wurde später klassizistisch umgestaltet. Den Mittelpunkt des Chors bildet ein spätgotisches Sandsteinkruzifix. Üppig mit Rocaillen verziert ist die Kanzel (vor 1770) rechts des Triumphbogens.

Karlsburg (Pfinztalstr. 9): Der badische Markgraf Karl II. (reg. 1552–77) verlegte seine Residenz von Pforzheim nach Durlach und ließ dort 1562–65 von Demetrius Dangell ein Schloss errichten: die Karlsburg. 1689 wurde das Renaissanceschloss jedoch im Pfälzischen Erbfolgekrieg von französischen Truppen zerstört. Erhalten ist nur der südliche Torbau, der **Prinzessinnenbau**, in dessen Torgang sich eine Wappentafel Karls II. von 1565 befindet. 1698–1702 begann Giovanni Mazza einen großen Schlossneubau, dessen Entwurf von Domenico Egidio Rossi stammte, doch wegen der Verlegung der badischen Residenz nach Karlsruhe 1718 blieb er unvollendet. Ausgeführt wurde der an den Prinzessinnenbau grenzende Westflügel: der langgestreckte, dreigeschossige **Kavaliersbau**. Dort sind heute das **Karpatendeutsche Museum** und das **Pfinzgaumuseum** untergebracht (s. S. 116 und 117).

Die **Feuerwache der Freiwilligen Feuerwehr Durlach** (Weierhof 3) hat Berthold Rosewich 1990–92 gebaut. Die Fahrzeughalle mit fünf Stellplätzen wird mit einem Schwung der Fassade zu weiteren Funktionsräumen weitergeführt. Das vollständig verglaste Obergeschoss verknüpft die beiden Gebäudeteile. Schräg gestellte Stahlstützen und das weit hervorkragende Dach aus Aluminium vollenden die leicht-elegante Konstruktion. Geradezu dramatisch wirkt der Gebäudezugang mit seinen schlanken Säulen und den diagonalen Bauelementen an Boden und Decke.

Wolfartsweier (s. Übersichtskarte)

Aussegnungshalle des neuen Friedhofs in Wolfartsweier (Heinz-Wackenhut-Weg 10): Der skulptural wirkende Holzbau aus elegant miteinander verknüpften kubischen Elementen entstand 2019 nach Plänen des Architekturbüros Kränzle Fischer-Wasels Mergenthaler. Das Gebäude in Holzmassivbauweise hat eine Wetterhaut aus Lärchenschindeln, von der sich die zurückgesetzten Außenwände des Eingangsbereichs mit Mehrschichtplatten aus Lärchenholz farblich unterscheiden. Der schlichte Innenraum ist in hellem Holz gehalten.

Rüppurr (s. Übersichtskarte)

Die **Baumgartensiedlung** (Heinrich-Heine-Ring 12, 14–77, 79, 81; Reinhold-Schneider-Str. 1–72 und 74–136) wurde 1963–67 mit rund 700 Wohnungen nach Plänen von Wolfgang Hirsch, Rudolf Hoinkis, Martin Lanz, Paul Schütz und Dieter Stahl errichtet. Es galt damals zum einen, Anschluss an das Neue Bauen der Weimarer Republik zu finden, und zum anderen, gestiegene Wohnbedürfnisse zu befriedigen. Angestrebt wurde bauliche Vielfalt durch Bungalows, Reihenhäuser, Mehrfamilienwohnblocks und drei Hochhäuser. Gestalterische Sorgfalt bei Verwendung weniger Materialien (Sichtbeton, geschlämmtes Mauerwerk und Holz) und die Modellhaftigkeit der Siedlung führten dazu, dass die eingangs genannten Bauwerke unter Denkmalschutz gestellt wurden. Sehenswert sind etwa die Häuser Heinrich-Heine-Ring 12–34.

◆ **Gartenstadt Rüppurr** (Eingang: Ostendorfplatz): Wie etwa die Gartenstädte Dresden-Hellerau (1909–38) und Essen-Margarethenhöhe (1909–11) ist die ab 1911 errichtete Gartenstadt Rüppurr eine bedeutende Vertreterin dieser Siedlungsart, die auf die um 1900 in England entstandene Gartenstadtbewegung zurückgeht. Auf Initiative des Kunstmalers Hans Kampffmeyer wurde 1907 die Genossenschaft »Gartenstadt Karlsruhe eGmbH« gegründet. Ziel waren ein naturnahes, helleres und gesünderes Wohnen und die Vermeidung von Bauspekulation. Die Planung übernahmen ab 1919 Kampffmeyer, Karl Kohler, Friedrich Ostendorf und Max Laeuger, die Bebauung der Kernsiedlung ab 1911 ebenfalls Kohler und Ostendorf sowie das Architekturbüro Pfeifer & Großmann und Georg Botz. Das kleinste von Botz entworfene, zweigeschossige Haus hatte eine Grundfläche von 33 qm und kostete 4500 Mark. Der halbrunde Ostendorfplatz mit einem Brunnen (1927–29) von Laeuger bildet den Eingang der Siedlung, in der freistehende Einfamilien-, aber auch Doppel- und Reihenhäuser entstanden, aus Kostengründen später auch zweigeschossige und ab 1956 drei- und viergeschossige Mehrfamilienhäuser. An den Reihenhäusern Im Grün 5–19 finden sich Medaillons aus Majolika über den Haustüren.

Dammerstock (s. Übersichtskarte)

◆ Die **Siedlung Dammerstock** (Nürnberger Str. 5) ist wie die Stuttgarter Weißenhofsiedlung ein bedeutendes Beispiel für den Siedlungsbau der Moderne. Die Errichtung von »Gebrauchswohnungen« für Familien mit niedrigem und mittlerem Einkommen war die Zielvorgabe eines 1928 ausgeschriebenen Wettbewerbs der Stadt Karlsruhe. Walter Gropius erhielt für seinen Entwurf den ersten Preis und übernahm die künstlerische Leitung des 1928–29 ausgeführten Projekts, an dem sich zwölf Architekten beteiligten; er selbst entwarf drei Häuser. Gebaut wurden 228 Wohnungen in Reihenhäusern und bis zu sechs Geschossen hohen Mehrfamilienhäusern.

Die Zeilenbauweise diente dem Ziel, die Wohnungen mit möglichst viel Licht, Luft und Sonne zu versorgen. Die preiswerten Wohnungen mit modernem Bad, Heizung und Arbeits- statt Wohnküche stellten einen wesentlichen Fortschritt im Wohnungsbau dar. Nach Plänen von Otto Haesler entstand an der Nürnberger Straße ein Gemeinschaftsbau mit Heizwerk, Wäscherei, Gaststätte und Metzgerei. Mit Flachdächern, Fensterbändern, weißem Putz über grauen Sockeln und serienmäßig produzierten Fenstern und Türen weisen die Bauten charakteristische Merkmale des Neuen Bauens auf. Gropius' Haus in der Danziger Str. 12 und 14 zeigt auf der Westseite eine horizontale Gliederung in der Sockelzone, vier Geschosse mit gleichen Fenstern und ein mezzaninhaftes oberstes Drempelgeschoss mit Abstellkammern; zwei risalitartig vorgezogene Geschosse bieten eine zusätzliche Segmentierung. Auf der Ostfassade an der Straße betonen übereinandergesetzte Balkone und ein über das vierte Geschoss ragendes Treppenhaus die Vertikale. Gegenüber dem Haus Nr. 12 bietet ein offener Pavillon Informationen über die Siedlung. Die Nationalsozialisten lehnten die Ästhetik der Architekturmoderne ab, daher wurden ab 1934 in der Siedlung Häuser im »Heimatschutzstil« mit Satteldächern errichtet. Erst ab 1949 entstanden weitere Bauten, die eher der Ursprungskonzeption der Siedlung entsprachen.

Die katholische Kirche **St. Franziskus** (Rechts der Alb 28), 1936–38 von Fridolin Bosch und Anton Ohnmacht errichtet, ist mit ihren Satteldächern auf Schiff und Turm, den romanisierenden Fenstern und dem Stufenportal traditionalistisch gestaltet.

Weierfeld (s. Übersichtskarte)

Die evangelische **Friedenskirche** (Tauberstr. 10), errichtet 1948–49, gehört zu den noch 41 bestehenden von ursprünglich 43 sog. Notkirchen, die nach dem Zweiten Weltkrieg nach Plänen von Otto Bartning in Deutschland errichtet wurden. Bartning hatte ein kostensparendes standardisiertes Bausystem entwickelt, bei dem Eigenarbeit der Kirchengemeinden weitere Einsparungen ermöglichte. Die Friedenskirche ist eine solche Standardkirche mit einer vorgefertigten, zeltartigen Holzbinderkonstruktion. Die nicht tragenden Außenwände bestehen aus Trümmersteinen des Karlsruher Rathauses. Der mit seiner Klarheit an der Neuen Sachlichkeit orientierte Einheitsraum der Kirche wird durch ein Fensterband belichtet. Die Holzkonstruktion mit dem schiffsbauchartigen Dach erzeugt eine bergend-behagliche Atmosphäre. Den Turm ergänzte Erich Rossmann 1962.

Beiertheim-Bulach (I A4 und Übersichtskarte)

Die katholische Kirche **St. Cyriakus** (Litzenhardtstr. 50) entstand 1834–37 nach Plänen von Heinrich Hübsch, Schüler Friedrich Weinbrenners und ab 1842 Großherzoglicher Baudirektor. Kirchenbau war für ihn die »höchste Aufgabe des Architekten«. Er war am Bau und Umbau von rund 40 Kirchen in Baden beteiligt und bevorzugte bei Gotteshäusern die frühchristliche gegenüber der klassisch-antiken Formgebung. St. Cyriakus ist eine neoromanische Basilika mit zwei Chortürmen und einem zweigeschossigen Langhaus. Hübsch legte auf sparsames Bauen Wert – entsprechend wählte er für St. Cyriakus eine kostengünstige Gewölbekonstruktion. Wichtig war ihm die Materialsichtigkeit. Die Gestaltung von Gewölbe,

Mauerwerk, Lisenen und Bögen von St. Cyriakus bietet eine große Farbvielfalt von Backsteinen. Den polygonalen Chor malte Johann Friedrich Dieterich mit den Szenen *Verkündigung, Anbetung, Ölberg, Kreuzigung, Grablegung, Auferstehung* und *Himmelfahrt* aus. Das Gehäuse einer Orgel von Johann Andreas Silbermann (1753) stammt aus der Baden-Badener Stiftskirche und enthält eine Orgel der Durlacher Orgelfabrik Voit.

Die evangelische **Paul-Gerhardt-Kirche** (Breite Str. 49a) hat eine ungewöhnliche Geschichte. 1780 wurde der Ursprungsbau errichtet: eine Badeanstalt. 1807 wurde diese erneuert und 1809–11 durch ein von Friedrich Weinbrenner erbautes »Gesellschaftshaus« mit einem großen Tanzsaal ergänzt. Zwei Freitreppen führen zum ersten Obergeschoss, das durch kolossale Pilaster und Halbsäulen mit dem zweiten Geschoss verbunden ist; darüber liegt ein Dreiecksgiebel mit einem Thermenfenster. In den 1830er Jahren wurde der Bau zum Mietshaus, 1926 an die evangelische Gemeinde verpachtet und für Gottesdienste genutzt. Nach schweren Kriegszerstörungen baute Hermann Zelt den Bau zu einer Kirche um. 1997–99 wurde der ursprüngliche Charakter des Hauses im Rahmen einer Sanierung durch das Architekturbüro ruser + partner rekonstruiert. Seit dem Umbau ist der hölzerne Dachstuhl zu sehen und die Ostwand wieder durch Fenster geöffnet. In der Kirche finden auch Konzerte und Ausstellungen statt.

St. Michael (I A4): Die 1962–65 nach einem Entwurf von Werner Grob erbaute katholische Kirche in Sichtbeton, die innen mit gelben Ziegeln verblendet ist, hat eine ungewöhnliche Konstruktion. In den Kubus auf quadratischem Grundriss ist ein weiterer, kleiner Kubus mit an der Südost- und Nordostecke abgestumpften Ecken integriert, der über das Kirchenschiff hinausgeht. Darin liegt der Chor mit dem Altar, der entsprechend dem Zweiten Vatikanischen Konzil von 1965 in den Kirchenraum hineingesetzt wurde. Ein farbiges, verglastes Oberlichtband von Clara Kress beleuchtet das Kirchenschiff. Die kleinen Pyramiden der markanten Kassettendecke sollen den Hall vermindern. Das Hängekreuz im Chor gestaltete Herbert Kämper. Hinter dem Hauptaltar steht der Beiertheimer Altar, dessen unbekannter Schöpfer 1523 den hl. Wendelin, Maria, den hl. Michael und darunter das Abendmahl darstellte. Die Altarflügel zeigen Heilige, Märtyrer und Bischöfe.

Oberreut (s. Übersichtskarte)

Die **Aussegnungshalle Oberreut** (Mittelschmallen) ist ein höchst ungewöhnliches Bauwerk von großer Präsenz. Seine Funktion wäre, stünde es nicht auf einem Friedhof, nicht auf den ersten Blick erkennbar. GJL Architekten entwarfen das Gebäude 2001. Der Vorplatz des Sichtbetonkubus mit einem großen Eckfenster wird von dem schweren, leicht nach oben abgeknickten Vordach überragt. Ein schmaler Schlitz in der Front des Daches birgt eine Totenglocke. Durch ein farbiges Oberlicht von Stefanie Lampert wird der Innenraum stimmungsvoll beleuchtet.

Daxlanden (s. Übersichtskarte)

♦ **Thomaskirche** (Kopernikusstr. 2): Baubeginn der von Otto Bartning entworfenen evangelischen Kirche war 1939, doch kriegsbedingt wurden die Arbeiten eingestellt; erst nachdem der Architekt die Pläne überarbeitet hatte, wurde die Kirche 1958–60 vollendet. Die dreischiffige Basilika mit erhöhtem Mittelschiff und freistehendem Turm ist eine Betonbinderkirche: Ihr tragendes Gerüst besteht aus Betonpfeilern, die im Kirchenschiff in Dachrippen übergehen. Die Seitenschiffe werden durch transparente Decken belichtet, das Mittelschiff erhält Licht durch ein umlaufendes Band aus Betonwabensteinen. Die Bedeutung der Kirche für den modernen Kirchenbau besteht darin, dass hier zum ersten Mal moderne Baumaterialien wie Stahl, Beton und Glas ohne eine Verkleidung zusammen mit traditionellen Baustoffen wie Ziegeln, Naturstein und Holz eingesetzt wurden. Zur bergenden Atmosphäre des Schiffs mit seiner Holzdecke passt die spirituelle Ausstrahlung des raumhohen abstrakten Glasfensters von Klaus Arnold hinter dem Altar.

Die katholische **Heilig-Geist-Kirche** (Kastenwörtstr. 23), 1910–12 nach einem Entwurf von Johannes Schroth erbaut, ist ein interessantes Übergangswerk. Mit Rundbögen, Klötzchengesimsen und Säulen mit Würfelkapitellen ist die dreischiffige Basilika neoromanisch geprägt, doch der ornamentlose Verputz, die Monumentalität und der hohe Turm verweisen bereits in die Zeit der modernen Sakralarchitektur nach dem Ersten Weltkrieg. Das *Heilig-Geist-Fresko* über dem Portal schuf Otto Rünzi. Nach der purifizierenden Renovierung der Kirche 1960–63 sind als originale Ausstattungsteile noch Gestühl, Kanzel, Beichtstühle, Pieta-Kapelle, Herz-Jesu-Altar und die Figuren der zwölf Apostel über den Säulen des Langhauses erhalten. Die Marienstatue von Gisela Bär stammt aus dem Jahr 1962. In der Taufkapelle steht ein Taufstein (1773) aus der Kirche St. Valentin. Den ungewöhnlichen Altar gestalteten Barbara Jäger und OMI Riesterer 1981.

Das **Rheinstrandbad Rappenwört** (Hermann-Schneider-Allee 50–54) liegt auf der vom Altrhein umflossenen Insel Rappenwört. Für seine Anlage hob man 1928–29 nahe dem Rhein ein künstliches, sichelförmiges Badebecken aus, das von Rheinwasser gespeist wurde. Die Architektur (Planung: Karl Pflästerer; Hochbauten: Robert Amann) ist avantgardistisch gestaltet. Gaststätte, Umkleidebauten und Kioske zeigen mit

Flachdächern, Putzflächen und Fensterbändern Charakteristika des Neuen Bauens. Wegen der Rheinverschmutzung endete der Betrieb des Rheinwasserbeckens in den 1960er Jahren; dafür entstanden mehrere übliche Freibadbecken, darunter ein Wellenbecken.

Das **Naturschutzzentrum Karlsruhe** unweit des Strandbades (Hermann-Schneider-Allee 47), 1928–29 nach einem Entwurf von Walter Merz errichtet, ist ein typisches Bauhaus-Gebäude. Es war ursprünglich eine Vogelwarte – daher der dreigeschossige Turm mit einer Beobachtungsplattform.

Mühlburg (s. Übersichtskarte)

Der Karlsruher **Rheinhafen** wurde 1901 eröffnet und zählt heute (Stand: 2021) zu den zehn größten Binnenhäfen Europas. Zu den sehenswerten historischen Hafenbauten gehört das 1899–1901 von August Stürzenacker errichtete **Verwaltungs- und Direktionsgebäude** (Werftstr. 2). Das burgenhaft-mittelalterlich anmutende historistische Haus orientiert sich am Bautypus zeitgenössischer Villen. Burgartig mit Zinnen und Türmen gibt sich auch das 1901–03 nach einem Entwurf von Hermann Walder am Hafenbecken II erbaute imposante **Getreidelagerhaus** (Werftstr. 7). Nach Kriegszerstörungen wurde es mit seinen Fassaden aus rotem und gelbem Backstein und Zierfriesen versachlicht ohne die ursprünglichen Pyramidendächer wiedererrichtet. Der fensterlose Bauteil ist ein Silospeicher, der östliche Flügel mit Fenstern ein Schüttbodenspeicher. Das mittige **Maschinenhaus** wurde nach dem Krieg auf 13 Geschosse erhöht. Blendarkaden gliedern die Fassade der ehem. **Kathreiner Malzkaffee-Fabrik** gegenüber (Werftstr. 12), die 1912–13 von Alfred Plöttner erbaut wurde.

Ehem. Seldeneck'sche Brauerei (Hardtstr. 37a): 1770 gründete Prinz Wilhelm von Baden die Brauerei, die nach seinem Tod an seine Nachkommen ging – der Prinz hatte eine nicht standesgemäße bürgerliche Frau geheiratet, die als Freiin von Seldeneck in den Adelsstand erhoben wurde. Die Brauerei bestand bis 1920. Heute wird der Gebäudekomplex gewerblich und vom Kulturzentrum Tempel genutzt. In neogotischem Stil baute Gustav Ziegler 1889 das **Alte Sudhaus** um und errichtete rechts daneben das **Neue Sudhaus I**; bei Letzterem verknüpfte er neugotische Spitzbogenfenster, mittelalterliche Ecktürme und Zwillingsfenster in einer erzählerischen historistischen Stilgebung miteinander.

Ausgewählte Ziele in der Umgebung

Rheinstetten

Die **Messe** (Messeallee 1, Rheinstetten) wurde 2001–03 von Gerber Architekten entworfen. Der langgestreckte, rostfarbene Eingangsbau mit drei streng angeordneten Fensterreihen wird von einem gewaltigen, über 25 m hervorkragenden Dach überragt. Stützenfreie hölzerne Tonnendächer überspannen die vier symmetrisch hinter dem Eingangsgebäude platzierten Ausstellungshallen.

Ettlingen

Ettlingen, 788 erstmals urkundlich erwähnt, wurde 1219 badisch und kam 1535 bei der Landesteilung in Baden-Durlach und Baden-Baden zur Markgrafschaft Baden-Baden. Markgraf Ludwig Wilhelm (reg. 1677–1707) verlegte seine Residenz nach der Zerstörung Baden-Badens (1689) nicht, wie ursprünglich geplant, nach Ettlingen, sondern 1705 nach Rastatt.

Schloss Ettlingen (Schlossplatz 3, Ettlingen) geht auf eine Burg des 13. Jh.s zurück, die 1557 niederbrannte. Danach entstand ein Renaissanceschloss mit zwei runden Ecktürmen, das allerdings 1689 ebenfalls ausbrannte. 1728–33 wurde der Bau unter der Markgräfin Sibylla Augusta (1675–1733) nach Entwürfen von Johann Michael Ludwig Rohrer neugestaltet – die heutige geschlossene Vierflügelanlage entstand. Den Südflügel zentriert im Innenhof ein Barockportal mit Balkon von Domenico Ricardo Retti. Die illusionistische Fassadenbemalung stammt von Lucca Antonio Colomba, den Wandbrunnen mit Delphin im Südosten des Hofes schuf Johannes Schoch. Den

Saal der Schlosskapelle krönt eine ovale Kuppel. Ihre prachtvolle Ausmalung (1732) durch Cosmas Damian Asam, ein Kunstwerk ersten Ranges, zeigt Szenen aus dem Leben des hl. Johann Nepomuk. Im Zentrum der Kuppel wird die Verherrlichung des Heiligen dargestellt. Das Schloss ist heute Museum: Eine Dauerausstellung zeigt mechanische Musikinstrumente, Sonderausstellungen präsentieren Kunst und kulturgeschichtliche Exponate.

Rastatt

Der 1100 erstmals erwähnte Marktflecken Rastatt wurde 1698 im Pfälzischen Erbfolgekrieg zerstört. Ab 1697 konzipierte Domenico Egidio Rossi für den Markgrafen Ludwig Wilhelm von Baden-Baden (reg. 1677–1707) das Residenzschloss und eine neue Stadtanlage mit drei (bis heute) fächerförmig wie in Versailles vom Schloss bis zur Murg führenden Straßen. 1705 verlegte Ludwig Wilhelm seine Residenz von Baden-Baden nach Rastatt. Mit der Vereinigung der Markgrafschaften Baden-Baden und Baden-Durlach 1771 endete Rastatts Status als Residenzstadt.

Schloss Rastatt (Herrenstr. 18–20, Rastatt) ist ein charakteristisches Barockschloss des Absolutismus. Es wurde ab 1698 von Domenico Egidio Rossi errichtet. Nach dem Tod des Markgrafen 1707 veranlasste seine Witwe Sibylla Augusta (1675–1733) eine Weiterführung des Schlossbaus. 1768 wurde dieser mit der Errichtung des Hoftheaters vollendet. Das Schloss überstand den Zweiten Weltkrieg nahezu unbeschädigt. Zur Stadt hin hat die Dreiflügelanlage 23 Achsen. Den Mittelrisalit des dreigeschossigen **Corps de logis** krönt ein Dreiecksgiebel, über dem sich ein Laternenturm mit einer Jupiterfigur erhebt. Raffiniert ist das **Treppenhaus** gestaltet: Zu beiden Seiten des

Vestibüls führen zweiläufige Podesttreppen hinauf zu einem Zwischenpodest, dessen durchbrochene Decken den Blick auf ein höheres Geschoss mit einer bemalten Kuppel freigeben. Der hohe **Ahnensaal** in der Beletage ist mit Porträts der Fürstenfamilie und dem Deckengemälde *Die Aufnahme des Herkules in den Olymp* (1704) von Giuseppe Roli ausgestaltet. Prächtige Dekorationen schmücken die **Staats- und Privatgemächer** des markgräflichen Paares. Das Vorzimmer des Markgrafen zeigt üppige Stuckarbeiten von Giovanni Battista Artario und ein Deckengemälde von Paolo Manni mit einer Allegorie der Nacht. Im markgräflichen Schlafzimmer rahmen Säulen das Prunkbett. Den Boden des Porzellankabinetts ziert ein aufwendiges Intarsienparkett. Vor- und Audienzzimmer der Markgräfin sind mit Deckengemälden von Giuseppe Roli und seinen Schülern Pietro Antonio Caccioli und Giuseppe Antonio Farina ausgestattet. Besonders luxuriös wirkt das Schlafzimmer der Fürstin mit seinen vergoldeten Stuckaturen; ihre drei Privatzimmer sind im Stil des Rokoko gestaltet. Die **Schlosskirche zum Heiligen Kreuz** (1720–23) von Johann Michael Rohrer schließt an den Wohntrakt der Markgräfin an. Der durch beidseitige Treppen erreichbare Chor der Wandpfeilerkirche ist erhöht und hat eine bühnenhaft-imposante Ausstrahlung. Das Kruzifix rahmen sechs Alabastersäulen. Im Schloss sind heute das **Wehrgeschichtliche Museum** und die **Erinnerungsstätte für die Freiheitsbewegungen der deutschen Geschichte** untergebracht.

Der **Schlossgarten** präsentiert sich seit 1989 in symmetrischer Gestaltung von Gunnar Martinsson mit zentralem Bassin und zwei modernen Stahlpavillons.

◆ **Schloss Favorite** (Am Schloss Favorite 1, Rastatt-Förch): Das exquisite Schlösschen mit seiner elegant geschwungenen, doppelläufigen Freitreppe birgt ein kostbares Inventar. Der dreigeschossige Bau wurde 1710–27 im Auftrag der Markgräfin

Sibylla Augusta von Baden-Baden (1675–1733) von Johann Michael Ludwig Rohrer errichtet: eine Dreiflügelanlage mit 15-achsiger Fassade, die durch einen Mittelrisalit mit Dreiecksgiebel zentriert ist. Zentraler Raum des Schlosses ist die **Sala terrena**, der hohe Gartensaal mit Kacheln nach Delfter Art und figurenbestückten Nischen. Die fürstlichen Gemächer der Beletage beeindrucken mit ihrer exquisiten originalen Ausstattung. Hervorzuheben sind das **Spiegelkabinett** der Markgräfin mit 313 Spiegelflächen, die teilweise konvex oder konkav in die Wände eingelassen sind, und das in Europa einmalige prächtige **Florentinerkabinett** des Erbprinzen, das mit Pietradura-Arbeiten, Intarsien aus Halbedelsteinen, ausgestattet ist. Schloss Favorite ist das einzige nahezu unverändert erhaltene »Porzellanschloss« Deutschlands: Seine Sammlung umfasst rund 1500 Fayencen und Porzellanen aus Europa und China – eine Auswahl daraus ist im Schloss zu sehen.

An den in einem englischen Landschaftspark gelegenen Hauptbau schließen sich zwei langgestreckte **Orangerien** an; es folgt die **Eremitage**, ein skurriles Refugium der Markgräfin mit Kapelle und religiösen Wachsfiguren.

Bruchsal

Bruchsal geht auf einen 976 urkundlich erwähnten Königshof zurück und erhielt um 1190 eine Bischofsburg. Die mittelalterliche Stadt wurde im pfälzischen Erbfolgekrieg 1689 zerstört.

Schloss Bruchsal (Schlossraum 4) entstand zwischen 1722 ◆ und etwa 1760 als Hauptsitz und Residenz der Fürstbischöfe von Speyer (bis 1803 blieb das Barockschloss deren Residenz). Im Auftrag des Fürstbischofs und Kardinals Damian Hugo von Schönborn (reg. 1719–43) erstellte Maximilian von Welsch einen Gesamtentwurf. Die oberste Bauleitung übernahm 1728

Balthasar Neumann. Hauptbau der Dreiflügelanlage mit einem Pavillonsystem von ursprünglich 50 Einzelgebäuden ist das viergeschossige **Corps de logis** nach Entwürfen von Anselm Franz von Ritter zu Groenesteyn. Die Fassadenbemalung stammt von Giovanni Francesco Marchini, die Rokoko-Gestaltung des oberen Hauptgeschosses schufen Johann Zick (Malerei) und Johann Michael Feichtmayr (Stuckaturen). Durch ein Bombardement wurde die Schlossanlage 1945 größtenteils zerstört. Der Wiederaufbau mit einer originalgetreuen Rekonstruktion des Treppenhauses und der Säle des Corps de logis mit ihren Fresken erfolgte 1946–96. Durch das Portal im Mittelrisalit des Corps de logis gelangt der Besucher zur elliptischen **Grotte**, die für die irdische Sphäre steht, und von dort in das berühmte **Treppenhaus** Balthasar Neumanns – ein einzigartiges Glanzstück barocker Treppengestaltung: Zwei Treppenbögen schwingen sich beidseitig der Grotte hinauf zum **Kuppelsaal**. Die berückende Verknüpfung von Ebenen, Räumen und Treppen bietet fulminante Architektur. Das Kuppelfresko zeigt Szenen des Bistums Speyer. Im sich anschließenden **Fürstensaal** sind Bildnisse der Fürstbischöfe von Speyer zu sehen. Der **Marmorsaal** bietet einen lebhaften Zusammenklang von Architektur, Stuckatur und Deckenmalerei, die mit Trompe-l'œil-Kunstgriffen aufwartet. Erst 2008–17 wurde die verlorene **Beletage**, die zunächst in sieben Räume für museale Präsentationen geteilt worden war, wieder kleinteilig zu vier **Appartements** mit 17 Schlossräumen umgebaut. Die zurückhaltende Gestaltung verweist auf den barocken Originalzustand. Die Beletage stattete man wieder mit den im Zweiten Weltkrieg ausgelagerten Möbeln, Gemälden und Tapisserien aus. Der Fürstbischof war in Personalunion geistlicher Herrscher über ein Bistum und weltlicher (reichsunmittelbarer) Fürst von dessen Territorium, daher umfasst das Schloss zwei kostbar ausgestattete **Staatsappartements**. Das Schloss birgt

Grandiose Gestaltung: Balthasar Neumanns Treppe im Schloss Bruchsal

heute das **Städtische Museum Bruchsal** und das **Deutsche Musikautomaten Museum**.

Das Innere der zerstörten **Hofkirche** wurde 1960–66 modern wiederaufgebaut. Das Bronzekruzifix schuf Fritz Wotruba, die Kreuztafeln HAP Grieshaber. Aus Gründen der Symmetrie steht der von Balthasar Neumann stammende **Kirchturm** etwas abseits vom Kirchenflügel des Schlosses.

Der **Schlossgarten** ist als englischer Landschaftsgarten gestaltet.

Museen in Karlsruhe

Im **Architekturschaufenster** (Waldstr. 8, I B2) finden Wechselausstellungen, Seminare und Informationsveranstaltungen statt, die das Bewusstsein für die gestaltete Umwelt in Architektur, Kunst und Design sensibilisieren wollen. (www.architekturschaufenster.de)

Badischer Kunstverein (I B2): Aufgabe des Vereins ist die Vermittlung und Förderung zeitgenössischer bildender Kunst. Im Jahr finden rund zehn Ausstellungen statt, die aktuelle Entwicklungen der Gegenwartskunst präsentieren. Zum Bau s. S. 49. (www.badischer-kunstverein.de)

Das **Badische Landesmuseum** (I C1), 1921 im Schloss (S. 28) eröffnet, ist das große kulturhistorische Museum des badischen Teils von Baden-Württemberg. Seine Themen umfassen 50 000 Jahre Kulturgeschichte: Archäologie in Baden, Römer am Oberrhein, antike Kulturen, Mittelalter, Renaissance, Karlsruher Türkenbeute, Schloss und Hof, Baden und Europa, Weltkultur. Regelmäßig werden Sonderausstellungen präsentiert. (www.landesmuseum.de)

Das **Badische Schulmuseum** (Henri-Arnaud-Str. 7) in den früheren Räumen einer Waldenserschule zeigt 200 Jahre Schulgeschichte. (www.badisches-schulmuseum.de)

Erinnerungsstätte Ständehaus (I B2): Das Badische Ständehaus, 1822–1933 Sitz des badischen Landtags, wurde 1944 durch einen Luftangriff zerstört. Das Neue Ständehaus zeigt eine Ausstellung zur Geschichte des Ständehauses und des badischen Parlamentarismus sowie zu Verfolgung und Widerstand badischer Abgeordneter ab 1933. Einsehbar ist außerdem ein Gedenkbuch für die über tausend Karlsruher Jüdinnen und Juden, die als Opfer der nationalsozialistischen Gewaltherrschaft den Tod fanden. Zum Bau s. S. 45. (www.karlsruhe.de/b1/stadtgeschichte/staendehaus.de)

Franz Bernhard Haus (Weinbrennerstr. 58): Das Museum der Andreas C. H. Schell-Stiftung zeigt in Wechselausstellungen Werke des Bildhauers Franz Bernhard (1934–2013) und anderer Künstler. (www.andreaschschell-stiftung.de)

Im **Generallandesarchiv Karlsruhe** (1 A1) werden Ausstellungen zu geschichtlichen Themen gezeigt. Zum Komplex s. S. 92. (www.landesarchiv-bw.de/de/landesarchiv/standorte/generallandesarchiv-karlsruhe-mit-dokumentationsstelle-rechtsextremismus/47245)

Das **Karpatendeutsche Museum** in der Karlsburg in Durlach (s. S. 98) befasst sich mit den bis zur Vertreibung der Deutschen 1944/45 existierenden drei deutschen Siedlungsgebieten in der Slowakei. (www.karpatendeutsche.de/?Karpatendeutsches_Kulturwerk_Slowakei_e._V._Museum)

Kunsthalle siehe Staatliche Kunsthalle.

Das **Majolika-Museum** in der Majolika Keramik Manufaktur (1 C1), eine Zweigstelle des Badischen Landesmuseums, beherbergt eine Sammlung aus rund 2000 keramischen Objekten vom Historismus und Jugendstil über den Expressionismus, Art déco, die Neue Sachlichkeit, die Zeit des Nationalsozialismus bis zur Nachkriegszeit und Gegenwart. Die Majolika Galerie bietet Wechselausstellungen mit Arbeiten nationaler und internationaler Keramikkünstler. Zum Gebäude s. S. 38 f. (www.landesmuseum.de/weitere-standorte/museum-in-der-majolika)

Das **Museum beim Markt** mit dem **museum x** (Karl-Friedrich-Str. 6, 1 C2) ist eine Außenstelle des Badischen Landesmuseums mit einer Sammlung Angewandter Kunst seit 1900. Zu sehen sind Exponate des Jugendstils und des Art decó, Designobjekte vom Bauhaus bis zur Gegenwart sowie Keramik und Glasmalerei der Moderne. Außerdem finden Wechselausstellungen statt. Das museum x ist ein Raum für den Austausch zwischen Museumsnutzern und Museum mit der Möglichkeit, digitale Konzepte auszuprobieren, zu forschen und Ideen zu entwickeln. (www.landesmuseum.de/museum/weitere-standorte/museum-x-/-museum-beim-markt)

Das **Museum für Literatur am Oberrhein** im Prinz-Max-Palais (I B2, s. S. 54) zeigt in seiner Dauerausstellung Handschriften, Erstausgaben, Briefe, Fotografien sowie Ton- und Filmdokumente zur Literatur am Oberrhein. Wechselausstellungen bearbeiten literarische sowie kunst- und kulturhistorische Themen. (www.literaturmuseum.de)

Im **Pfinzgaumuseum** in der barocken Karlsburg in Durlach (s. S. 98) veranschaulichen Exponate die Geschichte der bis 1939 selbständigen Stadt Durlach, darunter eine große Sammlung Durlacher Fayencen des 18. und frühen 19. Jh.s. Regelmäßig finden Sonderausstellungen statt. (www.karlsruhe.de/pfinzgaumuseum)

Das **Rechtshistorische Museum Karlsruhe** (Herrenstr. 45, I B2) im Bibliotheksgebäude des Bundesgerichtshofs (s. S. 46 f.) bietet Ausstellungen zu rechtsgeschichtlichen Themen und rechtshistorische Rundgänge durch Karlsruhe an. (www.rechtshistorisches-museum.de)

Die **Staatliche Kunsthalle Karlsruhe** (I B1/2) ist eines der bedeutendsten und ältesten deutschen Kunstmuseen. Die Sammlungsaktivitäten der badischen Fürsten begannen im 16. Jh. Den Grundbestand der Galerie schuf Markgräfin Karoline Luise (1723–1783) mit ihrem »Mahlerey-Cabinet« und über 200 Gemälden, die sie 1759–64 erwarb. Heute besitzt die Kunsthalle 3500 Werke aus acht Jahrhunderten sowie knapp 100 000 Zeichnungen und Druckgraphiken, darunter Werke des Malers und einstigen Direktors der Kunsthalle Hans Thoma (1839–1924), die in der »Thoma-Kapelle« zu sehen sind. Die Altdeutsche Malerei ist mit Werken u. a. von Albrecht Dürer, Matthias Grünewald, Lucas Cranach d. Ä. und Hans Baldung Grien vertreten. Ein Selbstbildnis Rembrandts und Werke von Peter Paul

Rubens sowie Jacob van Ruisdael zählen zur in der Galerie gezeigten niederländischen Malerei des 16. und 17. Jh.s. Die französische Malerei des 17. und 18. Jh.s wird u. a. durch Marie Guilhelmine Benoist (s. S. 119), Nicolas Poussin, Claude Lorrain und François Boucher repräsentiert. Zur im Museum gezeigten Kunst des 19. Jh.s gehören die deutschen Maler Caspar David Friedrich, Adolph Menzel, Anselm Feuerbach, Hans Thoma, Lovis Corinth und die französischen Künstler Eugene Delacroix, Camille Corot, Edouard Manet, Claude Monet, Paul Gauguin, Paul Cézanne und Auguste Rodin, zu den Künstlern der Klassischen Moderne Robert Delaunay, Fernand Léger und die deutschen Expressionisten Paula Modersohn-Becker, Franz Marc, August Macke und Ernst Ludwig Kirchner, ferner Otto Dix, Max Ernst und Max Beckmann. Die deutsche Malerei ab 1960 vertreten neben anderen Georg Baselitz, Sigmar Polke, Markus Lüpertz und Gerhard Richter. Arbeiten von Jean Dubuffet, Victor Vasarely, Yves Klein und Antonio Tàpies stehen für die Kunst des 20. und 21. Jh.s, ebenso wie zeitgenössische Skulpturen von Franz Erhard Walther und Wolfgang Laib. In der **Jungen Kunsthalle** direkt neben der Kunsthalle werden Kindern und Jugendlichen Kunstwerke vermittelt. – Der Hauptbau (Hans-Thoma-Str. 2, s. S. 9) ist für Sanierungsarbeiten und eine bauliche Neugestaltung voraussichtlich bis 2029 geschlossen. Bis dahin sind 600 ausgewählte Werke der Kunsthalle im **ZKM** (1 A4) zu sehen. (www.kunsthalle-karlsruhe.de)

Staatliches Museum für Naturkunde (1 B2): Ursprung des Bestands sind die markgräflich-badischen Sammlungen von Naturalien und Kuriositäten. Auf Initiative der gebildeten und naturwissenschaftlich interessierten Markgräfin Karoline Luise von Baden (1723–1783) wurde auf der Basis dieser Bestände 1752–83 eine wissenschaftliche Sammlung aufgebaut. Ab 1785 war das Naturalienkabinett auch für die Bürger zugänglich. Das heutige Naturkundemuseum ist eine Forschungsstät-

Marie Guilhelmine Benoist: *Selbstbildnis* (1786) in der Staatlichen Kunsthalle Karlsruhe

te von internationalem Rang und ein Besuchermuseum. Es werden Tiere in nachgebildeten Biotopen und auch lebende Tiere in Aquarien und Terrarien sowie Fossilien und Mineralien gezeigt. Zum Bau s. S. 42. (www.smnk.de)

Im **Stadtarchiv Karlsruhe** (I C2) präsentieren Wechselausstellungen Ereignisse und Entwicklungen in der Gesamtstadt sowie in einzelnen Stadtteilen. Eine Vitrine im Eingangsbereich des Foyers zeigt wertvolle und bisweilen kuriose Archivalien aus der Karlsruher Geschichte. Zum Bau s. S. 66. (stadtgeschichte.karlsruhe.de/stadtarchiv)

Städtische Galerie Karlsruhe (I A3): Die Kunstsammlung der Stadt mit über 20 000 Werken geht auf private Sammlungen und Ankäufe v. a. des 19. Jh.s zurück. Seit 1997 ist die Galerie – wie das Zentrum für Kunst und Medien (ZKM, s. S. 85) – im Bau einer ehem. Munitionsfabrik untergebracht (s. S. 84). Zu sehen sind Arbeiten aus Karlsruhe und Südwestdeutschland seit dem 19. Jh. sowie internationale Gegenwartskunst: Die Sammlung umfasst 1800 Aquarelle, Zeichnungen, Radierungen und Kupferstiche bedeutender deutscher, niederländischer, italienischer und französischer Künstler des 15.–19. Jh.s sowie u. a. Werke von Georg Baselitz, Bernd und Hilla Becher, Marlene Dumas, Rupprecht Geiger, Erich Heckel, Candida Höfer, Karl Hubbuch, Per Kirkeby, Dieter Krieg, Markus Lüpertz, Sigmar Polke, Arnulf Rainer, Gerhard Richter, Thomas Ruff, Wilhelm Schnarrenberger, Hans Thoma, Rosemarie Trockel und Franz West. Die hervorragende Sammlung deutscher Gegenwartskunst erhielt das Museum 1996 als Dauerleihgabe von Ute und Eberhard Garnatz. Die Galerie bietet Wechselausstellungen zur Kunst des 20. und 21. Jh.s.

Das **Stadtmuseum Karlsruhe** im Prinz-Max-Palais (I B2, s. S. 54) zeigt regelmäßig Sonderausstellungen zur Karlsruher Geschichte. Die Dauerausstellung wurde 2019 geschlossen und wird neu konzipiert. (stadtgeschichte.karlsruhe.de/stadtmuseum)

Das **Verkehrsmuseum Karlsruhe** (I C3) thematisiert in einer Dauerpräsentation und Wechselausstellungen mit historischen Fahrrädern, Motorrädern, Autos und Eisenbahnmodellen die Mobilität auf Straße und Schiene seit Beginn des 19. Jh.s. (verkehrsmuseum-karlsruhe.de)

Das **Zentrum für Kunst und Medien / ZKM** (I A3), eine Kunststätte von internationalem Rang, möchte die traditionellen Kunstgattungen mit den neuen Medien und Technologien verknüpfen. Raumbasierte künstlerische Ausdrucksformen wie Malerei, Skulptur und Fotografie sind ebenso Thema wie in einem Zeitraum ablaufende Künste wie Film, Video, Musik, Tanz, Theater, Performance und Medienkunst. Das ZKM verknüpft Produktion und Forschung, Ausstellungen und Aufführungen, Archive und Sammlungen, Veranstaltungen und Vermittlung, Konzerte, Performances, Lesungen und Symposien. Damit bearbeitet es zugleich informations- und kommunikationstechnische Innovationen und deren Einfluss auf gesellschaftliche Veränderungen. Pro Jahr werden rund ein Dutzend Wechselausstellungen präsentiert. Digitale Ausstellungen sind ein Forschungsschwerpunkt. Zum Bau s. S. 85. – Wegen der Sanierung der **Staatlichen Kunsthalle** bis etwa 2029 sind seit 2023 im ZKM 600 ausgewählte Kunstwerke der Kunsthalle aus 800 Jahren Kunstgeschichte zu sehen. (www.zkm.de)

Anhang

Nachweis der Karten und Abbildungen

S. 9 Kupferstich von Heinrich Schwarz 1721.
S. 30 f. © picture alliance / dpa | ARTIS-Uli Deck.
S. 38 Wirestock, Inc. / Alamy Stock Foto.
S. 44 © hatec Lichttechnik GmbH.
S. 50 Sitacuisses/Wikimedia (CC BY-SA 3.0 DE DEED).
S. 56 © Jan Dimog, thelink.berlin.
S. 57 Nathan Willock-VIEW / Alamy Stock Foto.
S. 63 carla65 / Alamy Stock Foto.
S. 67 akg-images / euroluftbild.de / Martin Bildstein.
S. 71 © Irene Burger, Karlsruhe.
S. 73 toniott.de.
S. 74 © Cord Beintmann.
S. 75 akg-images / euroluftbild.de / Robert Grahn.
S. 85 volkerpreusser / Alamy Stock Foto.
S. 89 Einheitlichkeit und Vielfalt: die Baugruppe 44.
S. 95 Maximilian Krebs / Shutterstock.
S. 113 Staatliche Schlösser und Gärten Baden-Württemberg, Schloss Bruchsal, Foto: Dirk Altenkirch.
S. 119 Staatliche Kunsthalle Karlsruhe (CC0).
Karten in den Umschlagklappen Karten © HüttenWerke.

Weiterführende Informationen

Literaturhinweise

Asche, Susanne / Bräunche, Ernst Otto / Koch, Manfred / Schmitt, Heinz / Wagner, Christina: Karlsruhe. Die Stadtgeschichte. Karlsruhe 1998.

Badisches Landesmuseum Karlsruhe / Dresch, Julia (Hrsg.): Schloss und Hof Karlsruhe. Führer durch die Abteilung zur Schlossgeschichte. Karlsruhe 2008.

Baumstark, Brigitte: Die Großherzoglich Badische Kunstgewerbeschule in Karlsruhe. 1878–1920. Karlsruhe 1988.

Bechtold, Manuel / Eberle, Sandra / Gensichen, Sigrid / Grimm, Ulrike: Schloss und Schlossgarten Favorite Rastatt. Petersberg 2019.

Brandenburger, Gerlinde [u. a.]: Denkmäler, Brunnen und Kleinplastiken in Karlsruhe 1715–1945. Karlsruhe 1987.

Bräunche, Ernst Otto / Eisemann, Peter / Kabierske, Gerhard / Schmitt, Bernhard: Von der Pfandleihe zum Stadtarchiv. Karlsruhe 2013.

Brunner, Herbert / von Reitzenstein, Alexander: Baden-Württemberg. Kunstdenkmäler und Museen. Stuttgart [8]1985.

Dehio, Georg: Handbuch der Deutschen Kunstdenkmäler. Baden-Württemberg I. Die Regierungsbezirke Stuttgart und Karlsruhe. Bearb. von Dagmar Zimdars [u. a.]. Berlin 1993.

Durth, Werner / Pehnt, Wolfgang / Wagner-Conzelmann, Sandra: Otto Bartning. Architekt einer sozialen Moderne. Darmstadt 2017.

Eberle, Sandra: Schloss Rastatt. Berlin/München [2]2010.

– / Pechaček, Petra: Schloss Bruchsal. Petersberg 2017.

Fierz, Peter / Garre, Karl-Heinz / Priebs, Axel: 100 Jahre Hauptbahnhof Karlsruhe. Verkehrskreuz im Südwesten. Berlin 2013.

Förster, Katja: Heinrich Hübsch. Karlsruhe 2014.

Gruber, Hans Peter: Typologie der Modellhäuser in der Stadtplanung Karlsruhes durch Friedrich Weinbrenner (1766–1826). Zürich 2001.

Guttmann, Barbara: Hopfen & Malz. Geschichte des Brauwesens in Karlsruhe. Karlsruhe 1998.

Hermann Billing. Architekt zwischen Historismus, Jugendstil und Neuem Bauen; 22.3.–25.5.1997, Städtische Galerie Karlsruhe im Prinz-Max-Palais. Karlsruhe 1997.

Im, Hea-Jee: Karlsruher Bürgerhäuser zur Zeit Friedrich Weinbrenners. Mainz 2004.

Immig, Rudolf: Die Markuskirche Karlsruhe von Otto Bartning. München 1985.

Institut für Baugestaltung, Baukonstruktion und Entwerfen 1 der Universität Karlsruhe / Lederer, Arno: Architektur in Karlsruhe 1971–1996. Karlsruhe 1997.

Jaeger, Falk: Bauen in Deutschland. Ein Führer durch die Architektur des 20. Jahrhunderts in der Bundesrepublik und West-Berlin. Stuttgart 1985.

Kieser, Clemens: Ausdruck totalitärer Beschäftigungspolitik. Ein Arbeitsamt des Nationalsozialismus in Karlsruhe. In: Denkmalpflege in Baden-Württemberg 44 (2015) H. 1. S. 87–91.

Kluge, Sophia: Baugeschichte im Spannungsfeld von Reform und Tradition. Der Karlsruher Architekt Hans Zippelius (1873–1956). Köln 2020.

Krüger, Jürgen mit Beitragen von Frank, Günter / Kramer, Kurt / Licht, Tobias / Schalla, Thomas und Schröder, Andreas: Kirchen in Karlsruhe und die Synagoge. Ubstadt-Weiher / Heidelberg / Basel 2015.

Lattner, Bernhard J. / Feitenhansl, Roland: Stille Zeitzeugen. 900 Jahre Karlsruher Architektur. Heilbronn 2007.

Lauth, Sibylle: Nordbaden. Entdeckungsfahrten zwischen Odenwald und Schwarzwald: Mannheim, Heidelberg, Karlsruhe, Maulbronn, Baden-Baden. Köln [2]2002.

Leiber, Gottfried: Karlsruhes Weg vom Jagdstern bis zur großen Stadt. In: Troll, Hartmut / Krimm, Konrad (Hrsg.): Stadt und Garten. Ostfildern 2019. S. 15–50.

Lindemann, Klaus E. R. / Barbara Steinhof (Hrsg.): 75 Jahre Hauptbahnhof Karlsruhe: 1913–1988. Karlsruhe 1988.

Löffelhardt, Markus: Karlsruhe. Neue Architektur. Karlsruhe 2010.
– Karlsruhe: Neue Architektur. Mannheim [2]2018.

Ludwig, Annette / Schmidt-Bergmann, Hansgeorg: Karlsruhe. Architektur im Blick. Ein Querschnitt. Karlsruhe 2005.

Nerdinger, Winfried / Tafel, Cornelius: Architekturführer Deutschland – 20. Jahrhundert. Basel/Berlin/Boston 1988.
Oechslin, Werner / Hildebrand, Sonja: Karl Moser. Architektur für eine neue Zeit. 1880–1936. Zürich 2010.
Patzer, Georg: Kleine Geschichte der Stadt Karlsruhe. Karlsruhe 2014.
Rind, Nina: Dammerstock-Siedlung. Stadtspaziergänge in Karlsruhe. Karlsruhe 2009.
Ringler, Harald: Stadtbaugeschichte Karlsruhe 1715–2000. Ubstadt-Weiher / Heidelberg / Speyer / Stuttgart / Basel 2021.
Rödel, Volker: Reclams Führer zu den Denkmalen der Industrie und Technik in Deutschland. Bd. 1: Alte Länder. Stuttgart 1992.
Rößling, Wilfried: Curjel & Moser. Architekten in Karlsruhe/Baden. Eine Werkübersicht unter besonderer Berücksichtigung der Christuskirche und der Lutherkirche in Karlsruhe. Karlsruhe 1986.
Schäfer, Friedemann: Stadtspaziergänge in Karlsruhe. Klassizismus. Karlsruhe 2008.
– Stadtspaziergänge in Karlsruhe. Jugendstil. Karlsruhe ²2009.
Schirmer, Wulf [u. a.]: Friedrich Weinbrenner. 1766–1826. Eine Ausstellung des Instituts für Baugeschichte an der Universität Karlsruhe in der Staatlichen Kunsthalle Karlsruhe 29. 10. 1977 – 15. 1. 1978. Karlsruhe ³1987.
Stadt Karlsruhe (Hrsg.): Heinrich Hübsch 1795–1863. Der große badische Baumeister der Romantik. Ausstellung des Stadtarchivs Karlsruhe und des Instituts für Baugeschichte der Universität Karlsruhe, 17. Dezember 1983 – 25. März 1984. Karlsruhe 1983.
Stadt Karlsruhe [u. a.] (Hrsg.): Friedrich Weinbrenner 1766–1826; Architektur und Städtebau des Klassizismus; Ausstellung der Städtischen Galerie Karlsruhe und des Südwestdeutschen Archivs für Architektur und Ingenieurbau am KIT, 27. Juni 2015 – 4. Oktober 2015. Petersberg 2015.
Stadtarchiv Karlsruhe / Koch, Manfred (Hrsg.): Stadtplätze in Karlsruhe. Karlsruhe 2003.
Stratmann-Döhler, Rosemarie: Schloss und Schlossgarten Karlsruhe. München/Berlin 2000.
Syré, Ludger: Zeitreise Karlsruhe. Menschen, Orte, Ereignisse, die Geschichte schrieben. Tübingen 2022.

Valdenaire, Arthur: Die Kunstdenkmäler der Stadt Karlsruhe. Der Stadtbau und der Schlossbezirk. Aus dem Nachlass hrsg. von Joachim Kleinmanns. Petersberg 2014.
Vögele, Wolfgang: Evangelische Christuskirche Karlsruhe. Regensburg 2010.
Voigt, Kirsten Claudia: Staatliche Kunsthalle Karlsruhe. Berlin/München 2019.
Weinbrenner, Friedrich: Worte und Werke. Bearb. von Ulrich Maximilian Schumann. Bad Saulgau 2017.

Internetseiten

Allgemein

ka.stadtwiki.net
Ka-news.de
stadtlexikon.karlsruhe.de
www.karlsruhe.de
www.karlsruhe-erleben.de

Stadtführungen, -rundgänge und -rundfahrten

www.karlsruhe-erleben.de/stadtfuehrungen-und-rundfahrten
www.stattreisen-karlsruhe.de

Architektur

https://deu.archinform.net/
web1.karlsruhe.de/db/kulturdenkmale
www.karlsruhe-erleben.de/architektur
www.leo-bw.de
www.rhein-neckar-industriekultur.de

Museen, Theater, Musik

www.karlsruhe.de/kultur-freizeit/kunst-und-museen
www.karlsruhe.de/kultur-freizeit/musik-und-theater

Kirchen

ka.stadtwiki.net/kirche

Öffentlicher Nahverkehr

www.kvv.de

Register

Zum Autor

CORD BEINTMANN, 1951 in Essen geboren, studierte Germanistik, Politikwissenschaft und Geschichte. 1991–93 arbeitete er bei der Landeszentrale für politische Bildung Baden-Württemberg als geschäftsführender Redakteur der Zeitschrift *Deutschland und Europa*. Bis 2017 war er Studiendirektor und Fachberater für Deutsch, Geschichte und Gemeinschaftskunde beim Regierungspräsidium Stuttgart. Bei Reclam erschienen von ihm der *Städteführer Stuttgart* (Universal-Bibliothek Nr. 14158) und der *Städteführer Köln* (Universal-Bibliothek Nr. 14411). Er lebt als freier Kulturjournalist und Autor in Stuttgart.